BILL BACHMAN

AUSTRALIENS FARBEN

MENSCHEN · BILDER · LANDSCHAFTEN

MIT TEXTEN VON TIM WINTON
AUS DEM ENGLISCHEN VON BEATE GORMAN

FREDERKING & THALER

Herausgegeben von Monika Thaler
Lektorat: Hans Christian Kosler
Herstellung: Martin Gawelzyk
Satz: Uhl + Massopust GmbH, Aalen
Druck und Bindung in Hongkong
Design: David Hughes Design Pty Ltd.
Umschlaggestaltung: Christine Paxmann, München

ISBN 3-89405-344-5

Die Deutsche Bibliothek – CIP-Einheitsaufnahme
Australiens Farben : Menschen, Bilder, Landschaften / Bill Bachman.
Mit Texten von Tim Winton. Aus dem Engl. von Beate Gorman. –
München : Frederking und Thaler, 1995
Einheitssacht.: Local colour <dt.>
ISBN 3-89405-344-5
NE: Bachman, Bill; Winton, Tim; Gorman, Beate [Übers.]; EST

Printed in Hong Kong

Umschlagseiten: Ein surrealistischer Wirbel aus Tigerauge und Jaspis, gefunden in der Nähe der westaustralischen Bergwerksstadt Meekatharra, offenbart Farbtöne der reinsten Art. Tigerauge entsteht, wenn die Fasern im Asbest durch Quarz ersetzt werden, so daß sich schimmernde Farbbänder bilden.

Titelblatt: Meer und Himmel treffen an der Nordwestküste bei Wallal Downs Stations in azurblauen Schichten aufeinander. Wallal Downs, wo ursprünglich um 1910 eine Schafzuchtfarm angesiedelt wurde, umfaßte damals über vierhunderttausend Hektar und zog sich über 80 Kilometer am Indischen Ozean entlang. In den Gründertagen gab es keine Straßenverbindung hierher, und alle Vorräte trafen mit Küstenleichtern ein, die wegen des geringen Wasserstands einen guten Kilometer vor der Küste vor Anker gehen mußten. Die Vorräte wurden in Walfangbooten an den Strand transportiert und dann mit Eselskarren zu dem fast eine Meile entfernten Gehöft gefahren. Wollballen wurde auf dieselbe Weise zum Markt verfrachtet. Jeder Ballen wurde auf einem Gestell auf den Schultern vor vier Aborigines durch die Brandung getragen und zusammen mit jeweils vier weiteren Ballen in ein Boot geladen.

Hintere Umschlagklappe: Foto oben von Sally Rodd, Foto unten von Bill Bachman

Für Sally –
für all die gemeinsam zurückgelegten Meilen
und die Erinnerungen.
Dies ist auch dein Buch.

Inhalt

Einführung

Rick Bertram, Roy Hill, WA

I have found in the faces of strangers in places that
most of us never do more than pass through, a love of
this land that can make such demands on the heart and
yet somehow can leave you renewed

We live on the edge of this land we call home, we
worship the water – yet somehow we know that deep
in the heartland where all of us dwell lie the reasons
we're Aussies it ain't hard to tell

Mike McClellan, The Heartland (1989)

Gantheaume Point, Broome, WA

An einem Tag im Mai 1991 streifte ich kurz vor Sonnenuntergang durch die Seitenstraßen von Coober Pedy, als ich auf den Opalsucher Gary traf. Wir unterhielten uns an seinem Wellblechzaun, der einfach in den Boden gerammt worden war. Auf dem nackten Boden lag die wahrscheinlich weltweit größte Sammlung von Rädern der Automarke Holden herum, fein säuberlich nach Jahr und Modell in Reihen sortiert. Offenbar handelte es sich hier um einen Mann mit einer ausgesprochen volkstümlichen Einstellung zur Gartengestaltung. Gary berichtete, daß er früher einmal »unten im Süden« gelebt hatte, bevor er seine Frau und die Stadt 1983 verließ. Nach vier Jahren, in denen er in einem Schacht die Axt geschwungen und über sein Leben nachgedacht hatte, wurde er ein neugeborener Christ und »machte all seine Feinde zu Freunden«, was immer das auch heißen mag. Seinen eigenen Worten zufolge lebt er jetzt glücklich mit Katze, Hund und Untermieter in einem selbstgebastelten Schuppen direkt vor dem Ice Cream Hill.

Bald kamen wir auf das Reisen zu sprechen, und eine seiner Bemerkungen blieb mir im Gedächtnis haften: »Wissen Sie, ein riesiger Teil Australiens bleibt unentdeckt. Die meisten Australier wissen gar nicht, wie ihr Land wirklich aussieht. Aber hier draußen ist das anders. Man kann nicht sein Leben lang im Südosten leben und sich als Australier bezeichnen.« Doch genau das

Ross Thompson und »Chuck«, Broomehill, WA

Blue Heeler Hotel, Kynuna, West-QLD

Derby, West-Kimberley, WA

Schafscherercamp, Shark Bay, WA

Zaun in der Nähe von Copley, SA

tun die meisten. Obwohl seit jeher ein genuiner Drang nach Erforschung und Besiedlung des Landesinnern, des sogenannten Outback, vorhanden war, leben heute nicht mehr als fünf Millionen Menschen in den ländlichen Gebieten Australiens, deren Zahl überdies ständig abnimmt. Über 80 Prozent der Bevölkerung wohnen in den sechs modernen Küstenstädten und deren Hinterland, schauen hinaus in die Welt und haben teil an einer vorwiegend angloamerikanischen Mischkultur, die mit unzähligen anderen importierten Geschmacksrichtungen gewürzt ist.

Obwohl Australiens Großstädte dadurch immer im Mittelpunkt des Interesses standen, erhärten ganze Studien Garys These, daß das eigentliche Australien im Landesinnern liegt, weit entfernt von dem multikulturellen Schmelztiegel. Schließlich war es das zerklüftete, dürre Kernland, das die Urform des weißen Australiers, den Buschmann, entstehen ließ. »Der Mann aus dem Outback« wurde wegen seines Mutes, seiner Stärke, seinem Sinn für Gleichheit und seiner ungekünstelten guten Laune in Legenden und Liedern gefeiert und diente mehreren Generationen als Rollenmodell für einen ganzen Menschenschlag. Zusammen mit der Weite des Landes verkörperte er all das, was als typisch australisch galt. Heute wird der Gebirgszug am Horizont durch den Gartenzaun ersetzt, und man könnte durchaus behaupten, daß der Strand und der sonntägliche Grillabend Herz und Seele des modernen australischen Selbstverständnisses ausmachen. Dennoch regt der Busch nach wie vor die Phantasie an. Jedes Jahr wird er von einer immer größer werdenden Zahl Touristen bereist, die das echte Australien entdecken wollen. Natürlich findet man die wichtigen »Zutaten« Australiens überall, doch mein Freund Gary, der Opalsucher, hatte schon recht: Das physische Kernland ist anders. Auch wenn die meisten es nur aus der Ferne bewundern, ist es immer noch Ursprung von vielen starken Traditionen und Werten des Landes und eine wichtige kulturelle Brutstätte.

Zum ersten Mal habe ich mich 1987 in das Landesinnere gewagt. Es war eine siebenmonatige Reise, die mir die Augen für die

Barney Rose, Tanami Downs, NT

Gemeindezentrum, Byron Bay, NSW

Joe Gilmour, Stardust Amusements, Lajamanu, NT

Wunder des australischen Outback öffnete und mich neugierig auf weitere Unternehmungen machte. Als ich im Sommer 1991 zu einer noch längeren Odyssee aufbrach, schwebte mir dabei ein Buch wie dieses vor. Von Anfang an ließ ich mich von keinem bestimmten Thema leiten, und auch während meiner Reise änderten sich meine Interessen an dem Land immer wieder. Ich arbeitete mich durch verschiedene Landschafts- und Porträtphasen, realistische und abstrakte Phasen, hindurch. Hin und wieder war ich besessen von Felsen und Bäumen oder merkwürdigen Schildern und Schrottautos am Straßenrand – losgelöstes Stückwerk, das nur durch meine Reifenspuren und Fußabdrücke verbunden wurde. Ich tat geduldig meine Arbeit und hoffte, daß sich daraus schließlich ein einheitliches Thema ergeben würde.

Etwa in der Mitte meiner Reise bestätigte sich mir Garys Credo, daß dort draußen ein anderes Land warte, das Outback bzw. »das andere Australien«, so daß meine Arbeit doch noch ein Leitmotiv bekam.

Es ist merkwürdig, daß es manchmal so lange dauert, bis einem einfachste Dinge bewußt werden. Erst am Ende meiner Reise hatte ich erkannt, daß die einzelnen Ausschnitte von Landschaft und Lebensstil, die ich fotografiert hatte, das eigentliche Thema waren. Die ganze Zeit über hatte ich aus vielen kleinen Puzzleteilen, die mich an Garys Wellblechzaun erinnerten, ein großes Bild geschaffen.

Hinterher befürchtete ich zunächst, daß diese Collage zu einer Karikatur geraten könnte, doch schließlich erkannte ich, daß es bei der Katalogisierung der oft merkwürdigen Besonderheiten des Buschs nicht darum gehen kann, das Leben im Outback schönzufärben, es lächerlich zu machen oder nostalgisch zu verklären. Vielmehr sollten wir gerade die Vielfalt des Lokalkolorits, das unser Kernland schmückt, als solche anerkennen. Auf diese Weise würdigen wir die vielen Dinge, die uns zu dem machen, was wir sind.

Bill Bachman

Melbourne, Juni 1994

Wildblumen im Frühling, Ost-Pilbara, WA

Geographische Begriffe und Abkürzungen

Arnhem Land	Arnhemland	New South Wales, NSW	Neusüdwales
Buccaneer Archipelago	Buccaneer-Archipel	Northern Territory, NT	Nordterritorium
Cape York Peninsula	Cape-York-Halbinsel	Pacific Ocean	Pazifischer Ozean
Coral Sea	Korallenmeer	Queensland, QLD	
Eyre Peninsula	Eyre-Halbinsel	South Australia, SA	Südaustralien
Great Australian Bight	Große Australische Bucht	Tasmania	Tasmanien
Great Barrier Reef	Großes Barriereriff	Victoria, VIC	
Gulf of Carpentaria	Golf von Carpentaria	Western Australia, WA	Westaustralien
Indian Ocean	Indischer Ozean		

Lokalkolorit

Der australische Busch besitzt keineswegs ein Monopol auf Lokalkolorit. Auch in den Großstädten gibt es Sehenswertes und keinerlei Mangel an Farben und Strukturen. Jede Reise bietet im Grunde einen Augenschmaus. Doch Lokalkolorit ist meiner Meinung nach besonders stark ausgeprägt, wenn es hart errungen wurde. Hart errungen, was seine Entwicklung in Isolation und unter Zwang betrifft, hart errungen aber auch für den Betrachtenden, wenn er in seinem Wagen durchgerüttelt wurde, der Tag länger war als erwartet, und der Anblick von etwas Einzigartigem eine durchaus willkommene Abwechslung bietet. Die natürlichen Pigmente des Outback sind aufgrund ihrer Abgeschiedenheit viel intensiver und ernüchternder. Dort draußen hat man das Gefühl, daß die Dinge über lange Zeit abgenutzt, gefiltert und kristallisiert wurden, bis sie auf geheimnisvolle Weise ihre jetzige Form erhalten haben.

Vielleicht liegt es an der Isolation und an der Stille, daß wir die Dinge dort so lebhaft wahrnehmen. Die Entfernung verursacht einen Fasteneffekt, und eine visuelle Wahrnehmung verwirrt die Sinne wie das erste Glas Wein nach einem Jahr Abstinenz. Begegnet man im Binnenland solchen Bildern, befällt einen ein Gefühl von Feierlichkeit. Am intensivsten nimmt man einen Ort wahr, wenn ein Wasserlauf, ein Fluß, ein Baum, das Zusammentreffen von Mineraladern ein Gefühl von Ausschließlichkeit verbreiten. Lange bevor es Postkarten und Werbung gab, wurden die »Bungle Bungle«-Sandsteinhügel aufgrund ihrer Einmaligkeit zu einer Bildikone. Dieselbe Besonderheit überträgt sich auch auf die kleinen Dinge, die winzigen Ikonen, die dort draußen auf den Reisenden warten, etwa eine Windhose, die plötzlich den Staub aufwirbelt, der gewaltige Sonnenuntergang, die Bewegungen von

Unfertige Wandmalerei an einem Kunstzentrum der Aborigines, Alice Springs, NT

Licht, Staub und Wasser. Minimale Ereignisse, Akte der Barmherzigkeit in einer Landschaft, die einem nie den kleinen Finger reicht und gegenüber romantischen Gefühlen resistent bleibt. Auch dies trifft nicht nur auf das Outback zu, ist aber hier leichter zu erkennen, und die Wahrscheinlichkeit, daß Ereignisse in einer Vielzahl konkurrierender Geschehen untergehen, ist geringer.

Ähnlich wie die Landschaft sind auch Menschen in der Vereinzelung am eindruckvollsten, sind sie – allein auf sich gestellt – wesentlich einprägsamer. Im australischen Outback sind die Menschen so spärlich über den gesamten Kontinent verteilt, daß sie wie Straßenschilder, Abzweigungen und Naturwunder zu regelrechten Ereignissen werden.

In einem eher theatralischen Sinn bringt Isolation das Bizarre und Übermütige hervor, und zwar nicht immer durch die Verrücktheit der Wüste oder Mangrove oder durch ein Übermaß an Bier und Rum, sondern durch den dringenden Bedarf nach Unterhaltung für sich und andere. Aus diesem Gefühl entsteht ein großer Teil des Grotesken im Outback.

Ein Kneipier im Nordwesten von Queensland hat einen Rosakakadu, der ihm die Zähne reinigt, ein anderer in Tasmanien hält sich ein »Alarmschwein«, um Einbrecher abzuhalten. Irgend jemand in Wyndham streicht einen toten Baum nur so zum Spaß grün an, während andere Stunden damit verbringen, Schilder mit Kalauern zu bekritzeln, über die man schon allein deshalb lachen muß, weil sich überhaupt jemand die Mühe gemacht hat. Es entstehen bizarre Unterhaltungsformen. In einer gottverlassenen Gegend findet ein Volksfest mit Pferderennen statt. Männer veranstalten Wettrennen mit Flußkrebsen in Snake Creek und mit Kamelen in Alice Springs, hinter einem Pub im Westen von Neusüdwales lassen Kinder Ziegen um die Wette rennen.

Kleine Belustigungen, kleine Glanzpunkte. Das interessanteste Lokalkolorit brütet und braut, wenn man sich Zeit nimmt, genau hinzuschauen. Es ist nicht die betriebsame Exaltiertheit der Stadt, wo das Bedürfnis zu schockieren und aufzufallen wichtiger ist; es ist vielmehr die Eigentümlichkeit, die ihren Ursprung in der Geschwindigkeit von Ebbe und Flut, in Wetteränderungen und im Wechsel der Jahreszeiten hat.

Bekannte Sehenswürdigkeiten, vielbesuchte Orte oder berühmte Menschen werden einander schließlich immer ähnlicher. Doch es sind viele kleine, namenlose Ersatzleute für sie vorhanden. Zweifellos gibt es überall im Landesinnern und in den Tropen Pubs, wo die Einheimischen ihre Rolle für Touristen, Fotografen und Schriftsteller einstudiert haben, aber es wird sicherlich noch dauern, bis das Lokalkolorit nur noch eine Ware sein wird. Und wenn die Einheimischen uns tatsächlich etwas vorspielen? Sie wissen, daß der australische Städter durch sie aus zweiter Hand lebt – möglicherweise haben sie also das Recht dazu, denn schließlich sind sie die Bewahrer der nationalen Idee.

Warum verwandelt wohl irgend jemand einen Wassertank in die riesige Nachbildung einer Dose Foster's? Nur weil noch etwas übriggebliebene Farbe herumstand? Um am Ort für Gesprächsstoff zu sorgen und auf diese Weise eine gewisse Unsterblichkeit zu erlangen? Sicherlich treffen all die üblichen kulturellen und künstlerischen Unwägbarkeiten zu. Warum gibt jemand seinem Haus einen Namen, baut eine Mauer aus Bierflaschen im Muster der Nationalflagge, füllt seinen Garten mit Gartenzwergen, malt eine Landschaft auf die Wand eines Supermarktes? Die beste Antwort ist immer ein Grinsen und Achselzucken und damit die Antwort, die man am häufigsten erhält. Lokalkolorit entspringt einem Land und einem Volk, das sich ständig selbst erfindet und sich seiner Unverwechselbarkeit kaum bewußt ist; ein Volk, dem es letztendlich auch gleichgültig ist, ob andere seine ganz eigenen Qualitäten zu schätzen wissen.

Tim Winton

Mangrove bei Flut, Roebuck Bay, West Kimberley, WA

Eine einsame Mangrove schaut gerade noch mit der Spitze aus dem Wasser des Indischen Ozeans heraus. Bei Ebbe steht sie im Trockenen; die Schlammzone erstreckt sich fast bis zum Horizont.

Ray Kennedy, Fortescue River, Roy Hill Station, Ost-Pilbara, WA

Die rostbraune Farbe dieses Wasserlochs in der Pilbara harmoniert mit dem schmutzigen Schweißband am Hut des Viehzüchters Ray Kennedy.

Rechts: Termitenhügel in der Nähe von Fiddlers Lake, Tanami-Wüste, NT

Riesige Termitenhügel wie diese sind im trockenen Landesinnern weit verbreitet. Manchmal sieht man mehrere hundert auf einem Hektar. Unter jedem dieser perfekt befeuchteten Hügel befindet sich ein weitverzweigtes Tunnelsystem, das sich zu den Spinifex-Büscheln hinzieht, die den Termiten Nahrung bieten.

Wassertank, Quamby Hotel, Golfregion, Nordwest-QLD

Unter der tropischen Sonne Australiens behält nichts lange seinen Glanz: Dieses leuchtende Stück Volkskunst paßt für kurze Zeit zu den kräftigen Pigmenten von Himmel und Erde. Für durstige Reisende ist es ein Ersatz für ein blinkendes Neonschild.

Schlammsteinformation, Edoline Island
Buccaneer-Archipel im Nordwesten
der Kimberley-Küste, WA

Typisch für die exzentrische Geologie Australiens ist diese erstarrte Flagge aus zerbröckelndem Schlammstein auf einer der über 800 Inseln, die der Zufahrt zum King Sound nördlich von Derby vorgelagert sind. Die meisten dieser trockenen und felsigen Inseln, die wie ins Wasser geworfene Kiesel wirken, sind seit ihrer ersten Erforschung durch Kapitän Phillip Parker King in den zwanziger Jahren des 19. Jahrhunderts noch immer nicht vermessen.

Sandstein an der Küste

Roebuck Bay in der Nähe von

Broome, WA

Surreal anmutende Sandsteinformationen verschmelzen mit dem Azurblau von Meer und Himmel an der Westküste von Kimberley. Dieses seichte Gewässer, das sich bei Ebbe in eine riesige Schlammzone verwandelt, ist ein wichtiger Futtergrund für Schwärme von Watvögeln, die sich auf ihrem Flug von Sibirien zur Südküste Australiens befinden. Bei einer Zählung registrierte man 170 000 Vögel auf einmal.

Eukalyptusbäume und Termitenhügel, Weano Gorge, Karijini-Nationalpark, WA

Die lebhaften Primärfarben der Pilbara entstanden vor zweieinhalb Milliarden Jahren, als die Eisenstein-Bergketten des Hamersley-Beckens den Grund eines rostfarbenen Meeres bildeten. Gemeinhin wird angenommen, daß dasselbe Wasser durch eine Folge von chemischen und biologischen Prozessen für die Entstehung des Chlorophyll-Moleküls gesorgt hat, das wiederum für den blauen Himmel und das grüne Laub unserer heutigen Landschaften verantwortlich ist. Die roten Erdtöne stammen von den oxidierten Sedimenten, die beim Zurückweichen des Meeres zurückblieben.

Boab-Gruppe in der Nähe von Derby, West-Kimberley, WA

Diese filigran wirkenden Boabs vor einem surrealen Sonnenuntergang in Kimberley sind nahe Verwandte der riesigen Baobabs in Afrika. Ihre Ähnlichkeit weist auf einen gemeinsamen Vorfahren in Gondwanaland hin, dem Megakontinent, der nach Meinung vieler Wissenschaftler einst Australien, Afrika, die Antarktis, Südamerika und den indischen Subkontinent umfaßte.

Sedimentgestein und Spinifex, nordöstliche Pilbara in der Nähe von Marble Bar, WA

Dieses stachlig wirkende Gestein in einer Felsenebene in der Nähe von Marble Bar erinnert an einen grabenden Ameisenigel und ist mit Spinifex überwachsen. Spinifex, von dem es über 30 verschiedene Arten gibt, gedeiht auf mageren Böden und bedeckt 22 Prozent des australischen Kontinents.

Tonstein und Convolvulus-Wein, James Prince Point, West-Kimberley, WA

Ein »Aufsteiger« klammert sich an eine niedrige Küstenklippe auf der Dampier-Halbinsel nördlich von Broome.

El-Questro-Schlucht, Ost-Kimberley, WA

Die El-Questro-Schlucht, der Garten Eden eines Schafzüchters etwa 100 km westlich von Kununurra, hat ihren Namen von der vierhunderttausend Hektar großen Viehzuchtfarm erhalten, auf deren Grund und Boden sie sich befindet. Die Region Kimberley beherbergt eine Vielzahl von Arten und Lebensräumen, zu denen auch vereinzelte Gruppen von tropischem Regenwald zählen. Anders als der klassische »Dschungel« der feuchten Tropengebiete unterscheidet er sich durch grüne Baldachine und ist die Heimat für eine Vielfalt von Regenwaldpflanzen. Der Baldachin erzeugt einen Gewächshauseffekt, der die Feuchtigkeit während der langen Trockenheit im Winter bewahrt.

Frühstückspause,

Argyle-Diamantenmine,

Ost-Kimberley, WA

Wie auf den Zehen eines Riesen nehmen die Erzarbeiter in der Schaufel eines Hydraulikbaggers ihr Frühstück ein. Die Argyle-Mine betreibt drei dieser Maschinen. Jede kostet 6,5 Millionen $, wiegt 450 Tonnen und kann 19 Kubikmeter (etwa 45 Tonnen) auf einmal ausheben. Seit Eröffnung der Mine im Jahr 1986 wurden bis Ende 1992 über 175 Millionen Tonnen Erz, aus dem über 45 Tonnen Diamanten gewonnen wurden, in der Hauptgrube abgebaut.

Planiermaschine und Boab-Baum, Argyle-Diamantenmine, Ost-Kimberley, WA

Fest in dem Boden verankert, der um ihn herum abgeräumt wird, schaut dieser Bewohner unbewegt zu, während die Bergarbeiter sich abmühen, Diamanten aus dem Staub von Smoke Creek, 2200 Kilometer nordöstlich von Perth, zu gewinnen. Geologen fanden hier 1979 die ersten Diamanten; heute ist die Argyle-Mine der weltweit größte Produzent.

Schwimmer bei Fortescue Falls, Karijini (Hamersley Ranges) – Nationalpark, WA

Tiefe Bassins am unteren Ende der Schluchten enthalten das Lebensblut der trockenen Eisenstein-Bergketten der Pilbara. Trotz sengender Hitze bleibt das Wasser das ganze Jahr über kalt, da die Sonne nur wenige Stunden am Tag in die Schluchten scheint.

Noel Fullerton auf dem Rücken von »Malachi«, Rainbow Valley, NT

Noel Fullerton, Besitzer der Virginia Camel Farm 90 km südlich von Alice Springs, dürfte Australiens bekanntester Kamelzüchter und Safari-Veranstalter sein. Er gründete den Camel Cup, der eines der wichtigsten Rennen von Alice Springs ist.

Kamele wurden erstmals 1860 von Afghanen in Australien eingeführt und spielten eine wichtige Rolle bei der Erschließung des Landesinnern. Bis in die zwanziger Jahre des 20. Jahrhunderts zogen Kamelkarawanen, die aus bis zu 70 Tieren bestanden, von den Bahnhöfen und Häfen in das Outback. Heute ziehen mehr als 40 000 ihrer Nachkömmlinge ungestört durch weite Gebiete des Landesinnern. Sie gehören weltweit zu den reinsten Zuchtarten und sind bei den Käufern aus dem Mittleren Osten besonders beliebt.

Jack Black und Aub Crompton, Tyalgum, NSW

Drinnen frönt ein Repräsentant der Videogeneration seiner Spielleidenschaft, während zwei Oldtimer Pause machen, um sich von dem täglichen Klatsch und Tratsch zu erholen. Beide gehören schon zum Inventar des Tyalgum Store im Nordosten von Neusüdwales. Jack (links) meint: »Wir sitzen jeden Tag hier, und es gibt nur wenig, was uns nicht zu Ohren kommt. Wenn wir an einem Tag etwas verpassen, kriegen wir es eben am nächsten Tag mit.« Aub, der froh war, einen anderen Zuhörer als Jack zu haben, wollte mir gerade seine Geschichte erzählen, als der Bursche nebenan anfing, seinen Rasen zu mähen. Aub redete immer weiter, während der Rasenmäher um unsere Füße herum mähte. Ich glaube, er hat mir erzählt, was er früher einmal gemacht hat, aber ich habe kein Wort verstanden.

Jack Krelle und Freunde, Rainbow, Victoria

Fast jede Kleinstadt hat einen. In der Stadt Rainbow im viktorianischen Mallee befindet er sich vor dem Fleischerladen. Der pensionierte Farmer Jack Krelle (links), der schon über achtzig ist, nennt ihn »Sitz der Weisheit«. Er sitzt gerne dort, um mit seinem Freund Brian Solly und anderen, die gerade da sind, »zwanglose Ratssitzungen abzuhalten«, wie er sagt. Sie alle sind der Meinung, daß es dort vernünftiger zugeht als in jeder echten Ratssitzung.

Lesley Styles, Wittenoom Picture Gardens, Wittenoom, WA

1955 unternahm Lesley Styles mit zwei Freundinnen in einem 1938er Chevrolet namens Laura eine 42 000 km lange Fahrt durch Australien. Durch Malerei und Schilderbeschriftungen trug sie ihren Teil zu den Kosten bei und schrieb später einen farbigen Bericht über die Reise. Heute teilt sie ihre Zeit zwischen Kalbarri an der Westküste von Westaustralien und Wittenoom in der Pilbara auf. Früher besaß sie dort eine Galerie, malt aber heute nur noch auf Bestellung. Vor vielen Jahren verschönerte sie auf Bitten des Besitzers, einem Ungarn, die heute verlassenen Wittenoom Picture Gardens mit Palmen.

Die alten Filmgärten von Wittenoom waren in den Tagen des Aufschwungs der Hintergrund vieler schöner Erinnerungen. »Damals mußte die Aufführung von ›The Ipcress File‹ an drei Abenden hintereinander wegen Regens abgebrochen werden. Am ersten Abend sahen die Zuschauer den Anfang des Films, am nächsten Abend weitere 20 Minuten, und am dritten Abend regnete es so stark, daß man die Leinwand kaum noch erkennen konnte. Alle saßen da, bis sie völlig durchnäßt waren, aber George schwor, daß er den Film am nächsten Tag zurückschicken müßte, oder der Ausleiher würde ihm nur noch zweitklassiges Zeug schicken. Aus diesem Grund sahen wir nie das Ende des Films.«

Helene Soter und Tochter Kitri, Wittenoom Gorge, WA

Helene Soter wurde in der ehemaligen Asbestminenstadt Wittenoom geboren und wuchs dort auf. Im Alter von 17 Jahren lernte sie einen Farmer aus Neusüdwales kennen und heiratete ihn. Sie reisten um die Welt und ließen sich auf einem Besitz in Neusüdwales nieder. 1983 ging sie nach Westaustralien zurück und begann in einer Goldmine am Rand der Great Sandy Desert 85tonner zu fahren. Dort lernte sie ihren jetzigen Partner kennen, mit dem sie nach Wittenoom zurückkehrte, um dort einen Gemischtwarenladen zu übernehmen.

Seit der Schließung der Astbestwerke im Jahr 1966 ging Wittenooms Bevölkerung von etwa 2000 auf weniger als 100 zurück. Trotz des Widerstands der verbliebenen Einwohner und der Tatsache, daß die Stadt für Touristen ein wichtiger Ausgangspunkt zu den imposanten Schluchten der Hamersley Ranges ist, will die Regierung von Westaustralien Wittenoom auflösen, da man Gesundheitsrisiken durch noch vorhandene Minenabfälle befürchtet. Helene hat eine führende Rolle im Überlebenskampf von Wittenoom übernommen.

»I allus has wan at eleven« (Ich genehmige mir immer eins um elf)

Traditioneller Werbespruch von Carlton und United Breweries

Bill Ketteringham, Cue, Ost-Murchison, WA

Bill Ketteringham ist seit 20 Jahren der Müllmann von Cue. »Als ich hierherkam, sagte mir der Kreisbeamte, daß er mir nur Arbeit für vierzehn Tage anbieten könne, worauf ich ihm sagte: ›Das ist besser als nichts.‹ Dann kamen die beiden Burschen, die den Job die ganze Zeit über ausübten, bei einem Autounfall ums Leben, und die Arbeit wurde mir übertragen. Jetzt bin ich immer noch hier.«

Jeden Morgen, wenn er seine Müllrunde beendet hat, macht er gegen zehn Uhr im örtlichen Gemischtwarenladen Frühstückspause.

Graeme »D-D-D-Davo« Davidson und sein zahmer Rosakakadu »Pigdog«,

Gregory Hotel, Nordwest-QLD

Eines der ziemlich abseits gelegenen Pubs von Queensland bietet kaltes Bier, teures Benzin, einen wunderbaren Fluß, an dem man zelten kann, und einen fröhlich stotternden Kneipier mit einem Kakadu.

Brett, David und Richard Pollock

Wooleen Station, WA

Vor ein paar Jahren (und aufgrund der damaligen Flaute auf dem Woll- und Weizenmarkt) kaufte sich Brett Pollock in »ein magisches Stück Dreck« ein – eine historische Zuchtfarm im Murchison-Distrikt mit 200 000 Hektar Land und 12 000 Schafen. Für sein Geld erhielt er harte Arbeit, viel Angst und das beste Leben, das er je gekannt hat.

Auf dem Foto sehen wir ihn mit seinen Söhnen in einer alten Holzhütte in einer entlegenen Ecke des Besitzes. Es war Frühsommer, und das alte Eisendach knarrte. Als ich mich laut fragte, wie heiß es wohl draußen sei, lachte Brett: »Wozu wollen Sie das wissen? Wenn Sie es herausfinden, kommen Sie nur ins Schwitzen.«

Bill Pigdon, Bell's Emporium, Cue, WA

Viele Jahre lang war Bill Pigdon Ladenbesitzer in Big Bell, einer berühmten Goldstadt im Murchison-Distrikt. Als die dortige Mine 1955 geschlossen wurde, zog er nach Cue, um Bell's Emporium zu übernehmen, einen altmodischen Gemischtwarenladen, der vor der Jahrhundertwende gegründet worden war. Später kaufte er ihn. Abgesehen von ein paar modernen Werbemitteln sieht der Laden immer noch so wie früher aus. Man kann hier Textilien und Grundnahrungsmittel kaufen, die säuberlich geordnet in den Holzregalen liegen. In der Blütezeit wurden Herrenbekleidung, Damenbekleidung, pharmazeutische Artikel und Geschenkartikel verkauft, wie Bill sich erinnert.

Zum erstenmal sah ich Bill am frühen Morgen vor seinem Laden, als er einen bereits völlig sauberen Bürgersteig fegte. Er erzählte mir, daß er 78 Jahre alt sei und bald seinen 50. Hochzeitstag feiern würde. Ein paar Monate später schickte er mir eine handgeschriebene Karte, deren Schrift wie die Fußabdrücke einer Spinne wirkten und auf der unter anderem stand: »Unsere Feier dürfte recht gelungen gewesen sein, wenn ich sie nach dem Zustand einiger meiner Freunde und meinem eigenen am Morgen darauf beurteile.«

Fernsehübertragung des AFL Grand Final von 1991, Gascoyne Junction Hotel, WA

Das Junction Hotel ist eine aus zwei Räumen bestehende Kneipe, die mitten auf der grünen Wiese an der Straße 175 km östlich von Carnarvon steht. Am 28. September 1991 trafen sich alle Bewohner des Distrikts in dieser kleinen Oase, um zuzusehen, wie die West Coast Eagles Geschichte machen würden, als sie zu ihrem allerersten Fußball-Finale gegen den ewigen Champion Hawthorn antraten. Leider reichte es für die neuen Herausforderer nicht, und in Gascoyne Junction rührte das einzige Schwindelgefühl von dem fermentierten Hopfen her, als die grimmig dreinblickenden Ortsansässigen ihren Kummer bei jedem Tor der Mannschaft aus Hawthorn (und deren waren es nicht wenige) herunterschluckten. Nach Ablauf von Dreiviertel der Spielzeit war der Pub-Besitzer Bill Stocks (rechts) so deprimiert, daß er zu Bett ging und für den Rest des Tages nicht ansprechbar war. Wie man sich denken kann, verlief der Nachmittag im nächsten Jahr, als die Eagles tatsächlich den Sieg einheimsten, ganz anders.

Die Jugendlichen üben sich in vielen Fertigkeiten, in der Hoffnung, sich eines Tages als Krieger kleiden zu dürfen.

Fußballfest der Aborigines, Lajamanu, Nord-Tanami, NT

Oben: Manche Menschen vergleichen den Sport – besonders den Fußball – mit der Religion. Tatsächlich ist er ein elementarer Teil der australischen Lebensart, ähnlich wie Ritual und Tradition Grundlage der Welt der Aborigines sind. Heute ist der Fußballsport eine populäre Zeremonie für viele Aborigines, die oft lange Reisen auf sich nehmen, um sich an dieser modernen Form des Stammeskrieges zu beteiligen.

Ziegenrennen, Coolabah, NSW

Ziegenrennen sind eine übelriechende Form des organisierten Chaos, das bei Preisgeldern bis zu 25 000 $ pro Jahr auf dem Land viele Anhänger findet. Bei einem Rennen, das wir auf unserer Reise durch Neusüdwales besuchten, wurden die Sulkys hauptsächlich von Kindern mit Fahrradhelmen gefahren. Die Wagen prallten aneinander ab, verhedderten sich in der Absperrung oder in den Wagen der Konkurrenten, bevor sie über die Ziellinie rasten und nur wenige Meter vor einem großen Dornengebüsch quietschend zum Stehen kamen. Als Sicherheitsmaßnahme hatten die Organisatoren glücklicherweise ein stabiles Gatter aufgestellt. Ein paar Ziegen versuchten es zum Leidwesen ihrer Jockeys zu erklettern, aber es gelang keiner richtig. Es gab Rennen mit trainierten und mit wilden Ziegen, doch auf uns wirkte alles ähnlich tödlich, als wir amüsiert von der Seitenlinie aus zusahen und dazu unsere gegrillten Ziegenburger verschlangen.

Rennen mit großen Hunden, Snake Creek Turnout, in der Nähe von Normanton, Gulf Savannah, QLD

Krebsrennen, Snake Creek Turnout, in der Nähe von Normanton, Gulf Savannah, QLD

»Australier schließen sogar über zwei Fliegen, die eine Wand hinaufkrabbeln, Wetten ab«, lautet ein bekanntes Sprichwort.
Jedes Jahr im Juli versammeln sich die Einwohner von Normanton und Karumba auf halber Strecke zwischen den beiden Städten auf einem Stück Buschland. An diesem Wochenende gibt es nicht nur ein symbolisches Pferderennen, sondern auch Football-Spiele, Tauziehen, einen Mister-Universum-Wettbewerb und einen Wettstreit, bei dem die Konkurrenten Bier trinken und sich ausziehen. Am längsten dauert das Krebsrennen, der schnellste und am wenigsten kalkulierbare Wettbewerb ist das Rennen der kleinen und der großen Hunde. Das ungewöhnlichste Ereignis ist »Chook-Poo-Bingo«, bei dem die Wettenden Quadrate von einer großen Bingo-Karte, die auf dem Boden liegt und von einem Drahtzaun umgeben ist, zum Preis von 5 $ kaufen. Wenn alle Quadrate verkauft sind, setzt man ein Huhn in die Umzäunung und läßt es laufen. Der Käufer des Quadrates, auf dem der erste Hühnerdreck landet, erhält den Jackpot. Zur Abwechslung wird auch hin und wieder ein Pferd auf einer Koppel eingesetzt.

Farmgatter in der Nähe von Mataranka, NT

»Hast du ein Bier mitgebracht?« Farmgatter in der Nähe von Katherine, NT

Gutgemeinte Warnung Nr. 1: Warnung vor dem Besitzer.

Wyndham, Ost-Kimberley, WA

Gutgemeinte Warnung Nr. 2: Warnung vor dem Hund.

Er kennt Kung Fu und ein paar andere »schmutzige« japanische Wörter.

Marble Bar, Ost-Pilbara, WA

Eyre Highway in der Nähe von Iron Knob, SA

Steinerner Blick, in der Nähe von Forsayth, QLD

Rechts: Gutgelaunter Kilometerstein an der Straße zwischen Marble Bar und Nullagine, Ost-Pilbara, WA

Kopf voller Steine, Nordterritorium

Kandidatin für das Viertelfinale im Bikini-Wettbewerb von Gordonvale, QLD

Die Kunst der Unvereinbarkeit.
Dinge – Gebäude, Straßen, Eisenbahnlinien, exotische Pflanzen, Kanäle, Zäune, Kaninchen, Kröten, ja selbst ganze Schafzuchtfarmen – dort unterzubringen, wo sie nicht hingehören, ist etwas, das Australier schon immer gut beherrschten.
Natürlich besteht ein feiner Unterschied zwischen dem falschen Grund und gar keinem Grund. Glücklicherweise macht der eine mehr Spaß als der andere.

Miss Cloncurry Showgirl, 1958
Cloncurry, im Nordwesten von QLD

»Die Natur hat den australischen Busch geschaffen, als ihr nach Unordnung zumute war«, erklärte Robin Boyd 1959 in einem Essay, das im »Walkbout« veröffentlicht wurde. Dieser Spruch charakterisiert die australische Landschaft genau. Sie wirkt in ihrem Naturzustand vielerorts so unvollständig, als hätten die Anstreicher plötzlich keine Lust mehr gehabt weiterzumachen und seien nach Hause gegangen. Merkwürdigerweise trifft das auch auf die vom Menschen geschaffene Umwelt zu.

Phil Marshall Drive in der Nähe von Cania Dam, im Südosten von QLD

Silver City Highway in der Nähe von Tibooburra, NSW

Angestrichener Baum, Wyndham, Ost-Kimberley, WA

Auf diesen gegensätzlich wirkenden Bildern von Bäumen wird die Natur von der Kunst nachgeahmt und umgekehrt.
Der eine Baum schmückt diesen Hof eines Hauses in Westaustralien, während der andere einem surrealistischen Gemälde ähnelt.

Gemalter Hintergrund, Lake Gregory, WA

Abflughalle von Bay Airport, WA

Abflughalle von Mulan, West-Tanami, WA

Paarungszeit

Chillingham, im Nordosten von NSW

»Man muß fairerweise zugeben, daß Australien unter den englischsprechenden Nationen, mit denen das Land sich gerne vergleicht, auf der Liste auffälliger Häßlichkeit ganz oben steht.«

Um 1960 prägte der bekannte Architekt Robin Boyd den Begriff »Featurismus«, als er die australische Leidenschaft beschrieb, eine perfekte Naturlandschaft auf künstliche Weise zu verbessern. »Der Featurismus«, sagt er, »ist beileibe nicht auf Australien und das zwanzigste Jahrhundert begrenzt, aber er treibt hier seine wildesten Blüten. Eine Erklärung dafür wäre, daß der Mensch die Weite der Landschaft spürt und sich bewußt ist, daß jedes Objekt, das seine wenigen Mitmenschen hier schaffen können, von ihr belächelt wird, so daß er alles vermeidet, was wie eine Herausforderung der Natur erscheinen könnte.«
The Australian Ugliness (1960)

Wohnwagen mit Verkleidung im Ziegelmuster, Wyndham, WA

Der Featurismus hat vielfältige Formen, die mehr oder weniger kunstvoll ausgeführt sind.

Kurt Brasche und »Bruno«, Northcliffe, WA

Inmitten des Zaubers der Waldlandschaft von Northcliffe hat sich Kurt Brasche, ein Hansdampf in allen Gassen, in den letzten Jahren hingebungsvoll einem ganz besonderen Verschönerungsprojekt in seinem Garten gewidmet. Nach dem Weihnachtsfest von 1990 stellte er fest, daß jede Menge Bierflaschen herumstanden, und er beschloß, mit ihnen eine Mauer zu bauen. Bald hatte er auf diese Weise drei Abschnitte fertiggestellt und wollte gerade mit dem vierten beginnen, als der Stadtrat meinte, die Mauer beleidige das Auge und müsse abgerissen werden. Doch die Bewohner der Stadt waren der Meinung, daß das Bauwerk zu einer Touristenattraktion geworden sei. Also blieb die Mauer stehen.

Gerrys Garten, Whyalla, SA

Gerald Pickhaver starb 1987, doch seine künstlerischen Leistungen leben weiter im Vorgarten von No. 12 Barter St. in der tristen Industriestadt Whyalla, wo sich über die Jahre hinweg eine bunte Zementmenagerie angesammelt hat. Doch die Zähne sind echt – sie stammen aus dem örtlichen Schlachthaus.

Bemalte Wand eines Supermarktes, Coober Pedy, SA

Bemalte Wand eines Supermarktes, Alice Springs, NT

Straße nach nirgendwo

Mit heruntergekurbeltem Fenster und offenem Hemd jagst du durch unendlich weite, rötlich flimmernde Landschaft, in der kein Vogel fliegt, kein Tier aus seinem dürftigen Versteck hervorkommt, wo nichts das Auge in seinen Bann zieht. Der heiße Wind konzentriert sich auf dein Gesicht, füllt deinen Mund und zerrt an deinen Haaren. Du atmest Insekten, Staub und den Geschmack von verbranntem Spinifex ein. Du hängst einen Arm aus dem Fenster, der doppelt so rot ist wie der andere und bereits Anzeichen eines kapitalen Sonnenbrands zeigt. Du fährst weiter ohne jegliche Erwartung, weil du weißt, daß hinter der nächsten Kurve keine Stadt, kein Laden und kein Mensch auftauchen wird.

Wenn dir tatsächlich mal ein Wagen entgegenkommt, winkst du oder hebst kurz den Finger zum Gruß. Nicht etwa aus Dankbarkeit darüber, in dieser weiten Stille ein menschliches Gesicht zu sehen, nein, diese rosa Farbe und der vorbeifahrende Wagen sind ein Ereignis, und hier draußen kann man ein Ereignis nicht einfach sang- und klanglos vorbeiziehen lassen. Der Wind pfeift dir durch die Zähne. Die Straße rollt sich vor dir auf. Es würde dich nicht überraschen, wenn sie wie ein Traum immer weitergehen würde. Welt ohne Ende. Das tröstet dich vielleicht nicht, aber du bist auch nicht weiter überrascht.

Tim Winton

Links: Reifenspuren auf einer Farm, Roy Hill, Ost-Pilbara, WA

Bis auf eine Straße, die um den Kontinent herumführt, einen Asphaltstreifen, der durch die Mitte von Norden nach Süden verläuft, und ein gutentwickeltes Kreissystem von geteerten Highways am Küstenrand ist Australien hauptsächlich mit Fäden aus Schmutz, Schlamm und Kies zusammengenäht, von denen die meisten auf keiner Karte stehen. Eine Straße ist immer dort, wo man auf zwei Reifenspuren stößt.

Bullenfänger und Bullenstaub, El Questro Station, Ost-Kimberley, WA

Obwohl beides vielleicht nicht nur in Australien anzutreffen ist, sind der Bullenfänger und Bullenstaub hochentwickelte Phänomene im Outback. Im Zeitalter des Recycling stellt der Bullenfänger so etwas wie einen Höhepunkt dar. Er wird zum Einfangen von kranken Tieren in gefährlichem Terrain eingesetzt und ist der Rallyewagen der Viehzüchter. Bullenstaub entsteht, wenn es monatelang nicht geregnet hat und eine endlose Parade von Lastern und Jeeps den Schmutz und Lehm zu Pulver zerfahren hat, so daß die Straße sich unter den Reifen bewegt. Man hat das Gefühl, auf Skiern durch tiefen Pulverschnee zu fahren. Der Staub folgt einem wie dicker Rauch und dringt überall ein. Das Schließen der Fenster und Lüftung bringt im Grunde genommen nichts.

Sattelschlepperzug, Ngumban Cliff
Great Northern Highway,
West-Kimberley, WA

Landschaft. Im endlosen Busch stößt man oft auf Schilder, die einen auf die Landschaft hinweisen, damit man sie nicht verpaßt, und die Fahrer, die über lange Strecken unterwegs sind, können sich am Ende eines Nachmittags auf ein schönes Stück Gegend freuen, nachdem sie den ganzen Tag über dieselben Attraktionen am Straßenrand gesehen haben: zu Schrott gefahrene Fahrzeuge, zerfetzte Reifen, aufgeblähte Ochsenkadaver und die Reste zerborstener Windschutzscheiben.

Sattelschlepperzug, Duncan Road

Östlich von Halls Creek,

Ost-Kimberley, WA

Der Sattelschlepperzug mit drei Anhängern ist für den Reisenden, der ihm begegnet, einer der eindrucksvollsten und furchteinflößendsten Anblicke im Outback. Sechzig rotierende Räder wirbeln eine Menge Staub und Steine auf. Um diesem Chaos zu entgehen, fährt man am besten an die Seite und wartet eine Weile. Was das Überholen eines solche Kolosses angeht, so sollte man daran am besten gar nicht erst denken.

Faltblatt, umseitig:

Tablelands Highway

Barkly Tableland, NT

Unbefestigte Straße, Tanami Downs, Tanami-Wüste, NT

Wie rostige Schleifen aus Wellblech entschwinden die kleineren Nebenstraßen in nicht verzeichnete Ebenen. An Abzweigungen findet man selten Straßenschilder. Wenn man den Weg nicht kennt, bleibt einem nur die Entdeckungsreise übrig.

Kennedy Developmental Road, Channel Country, West-QLD

Trotz der Freiheit, die sie versprechen, sind viele Highways Asphaltbrücken über einem wasserleeren Ozean. Weicht man von den schmalen Straßen ab, stellt man bald fest, wie wenige Alternativen es zu der schwarzen Spur gibt.

Roper Highway, Golfregion, NT

»Nichts ist düsterer als die vegetationsarmen Ebenen, auf die man überall in Australien stößt. Der wolkenlose Himmel erdrückt einen mit seiner unerträglichen Last, und die Augen schmerzen, wenn man auf den nackten Horizont blickt, der wie ein Kessel raucht.«

Francis Adams, The Australians: A Social Scetch (1893)

Kamel, Wombat, Känguruh, Eyre Highway, Nullarbor Plain, SA

In der Nähe des östlichen Eingangs zur Nullarbor-Raststätte, wo die großen Trucks vorbeibrausen, haben diese Ausschneidefiguren viele schwere Lasten vorbeifahren sehen. Es ist eine etwa 2400 Kilometer lange und einsame Fahrt über den Eyre Highway von Port Augusta nach Perth, ein dünner schwarzer Faden, der das gesamte westliche Drittel Australiens mit den »östlichen Staaten« verbindet.

Victoria Highway in der Nähe von Kununurra, Ost-Kimberley, WA

Venus, Mars und Jupiter weisen den Weg nach Westen. Folgt man ihnen und fährt weitere 2500 Kilometer, gelangt man nach Perth, ohne den Highway je gewechselt zu haben.

Welten für sich

Die Landschaft im Landesinnern Australiens, diese nicht bevölkerte und markierte Weite, ist so verwirrend und überwältigend, weil es nichts gibt, an dem man sie messen könnte. Dort, wo es kein Haus gibt, das dem Hintergrund irgendeinen Maßstab verleihen würde, ist der Betrachter, der auf das Dach seines Wagens klettert und versucht, den Anblick in den Griff zu bekommen, fasziniert, überwältigt und wird schier ertränkt von Farben, Strukturen und graphischen Mustern. Gibt es in der Antarktis ein Übermaß an Weiß, so wird man im Outback vom Rot erdrückt. Ein kleiner Stein in der Hand kann mit einem topographischen Überblick verwechselt werden, und eine Luftaufnahme mit einer Mineralprobe. In den Weiten des Landes kommen Auge und Geist ins Schwimmen, denn ein großer Teil des Kontinents erinnert an eine abstrakte Übung. Es ist entweder der beste oder der schlechteste Ort der Welt für die kampfbereite Psyche, wie ein großer Teil unserer Kunst und Prosa beweist.

Tim Winton

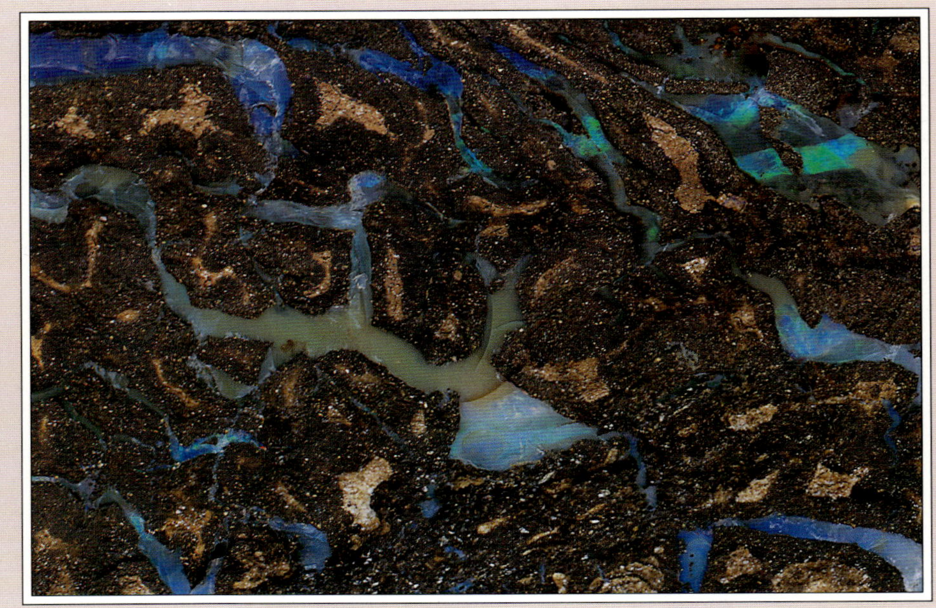

Ein überfluteter Wasserlauf schlängelt sich wie die Adern einer Mineralprobe, die man weiter südlich in den Edelsteinfeldern findet, durch das Mangrovendickicht.

Dampier Creek bei Flut, Brocme, WA

Links: Opalisiertes Gestein, Boulder, WA

Granitfindlinge an der Küste, Bicheno, Tasmanien

In einer Kraftanstrengung der Natur verwandeln rätselhafte Farbblüten einfache Oberflächen in exotische Stoffe.

Oben: Farbe auf einem verlassenen Autowrack, Barkly Highway, NT

Unten: Rinde der Kauri-Fichte, Bloomfield, Nord-QLD

Oben: Flechte auf Granitfindling, Eyre-Halbinsel, SA

Unten: Unakit, Finke River, NT

Schlammzone in der Nähe von Port Roper, NT

Oberfläche eines Straßenschilds, Halls Creek, WA

Lehmmuster auf der Tanami Road, WA

Oben: Ausgewaschener Sandstein,

Kennedy Ranges, WA

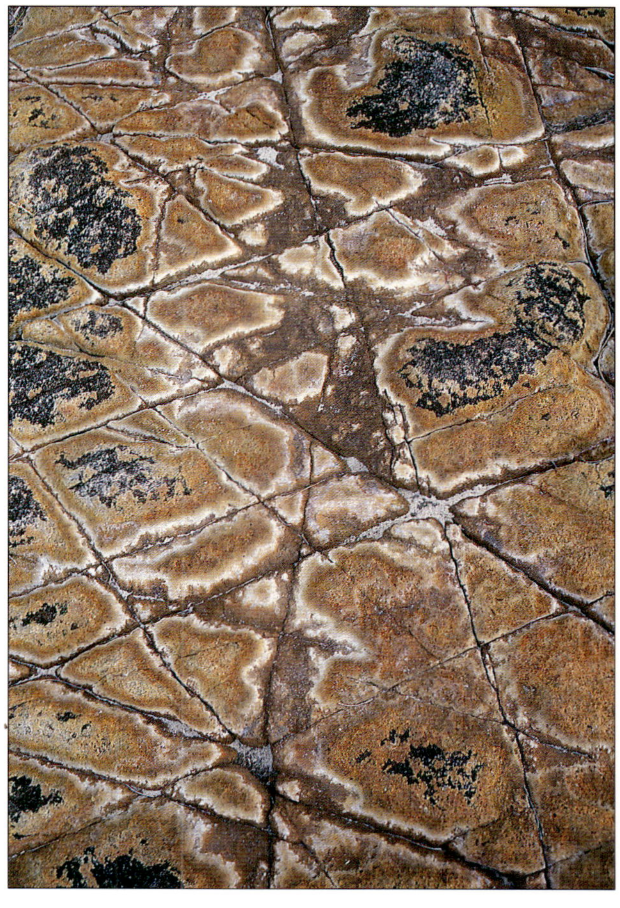

Unter dem weiten Himmel können Schlamm, Metall, Stein und Holz den Elementen nur selten trotzen. Alles wird vom Wetter gezeichnet, so daß verborgene Formen und Muster zum Vorschein kommen.

Rechts: Mosaikartig zusammengesetztes Gestein, Tea Tree Bay, Noosa-Nationalpark, QLD

Ganz Rechts: Von Feuer zernarbtes Eukalyptus terminalis, Windjana Gorge, WA

Das Wechselspiel von Licht und Schatten erweckt die urzeitliche Architektur der ältesten Pflanzenarten Australiens zum Leben.

Oben: Palmenwedel, Carnarvon, WA

Links: Wedel des Farnbaums, Cania Gorge, QLD

Oben: Pandanus-Blätter, Roper River, NT

Rechts: Farnwedel, Carnarvon Gorge, QLD

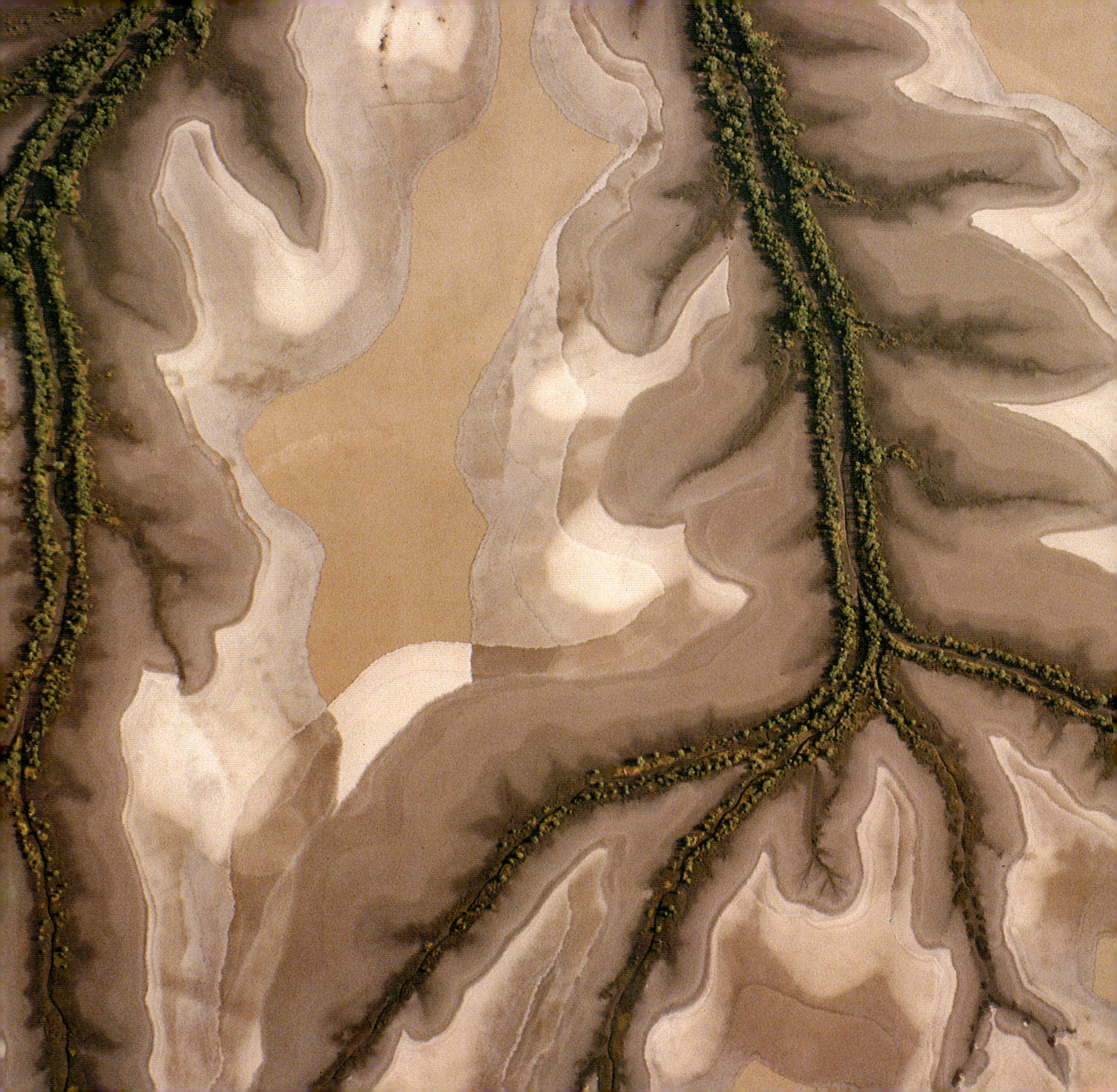

»Crossing this ravelled shore
fern-patterns of the tides
frayed like my branching nerves«

Judith Wright. Aus: Jet Flight Over Derby, Collected Poems, 1942-1970

Gezeiten-Schlammzonen in der Nähe von Wyndham, Ost-Kimberley, WA

Diese »Finger der Natur« erstrecken sich über sehr unterschiedliche Entfernungen.

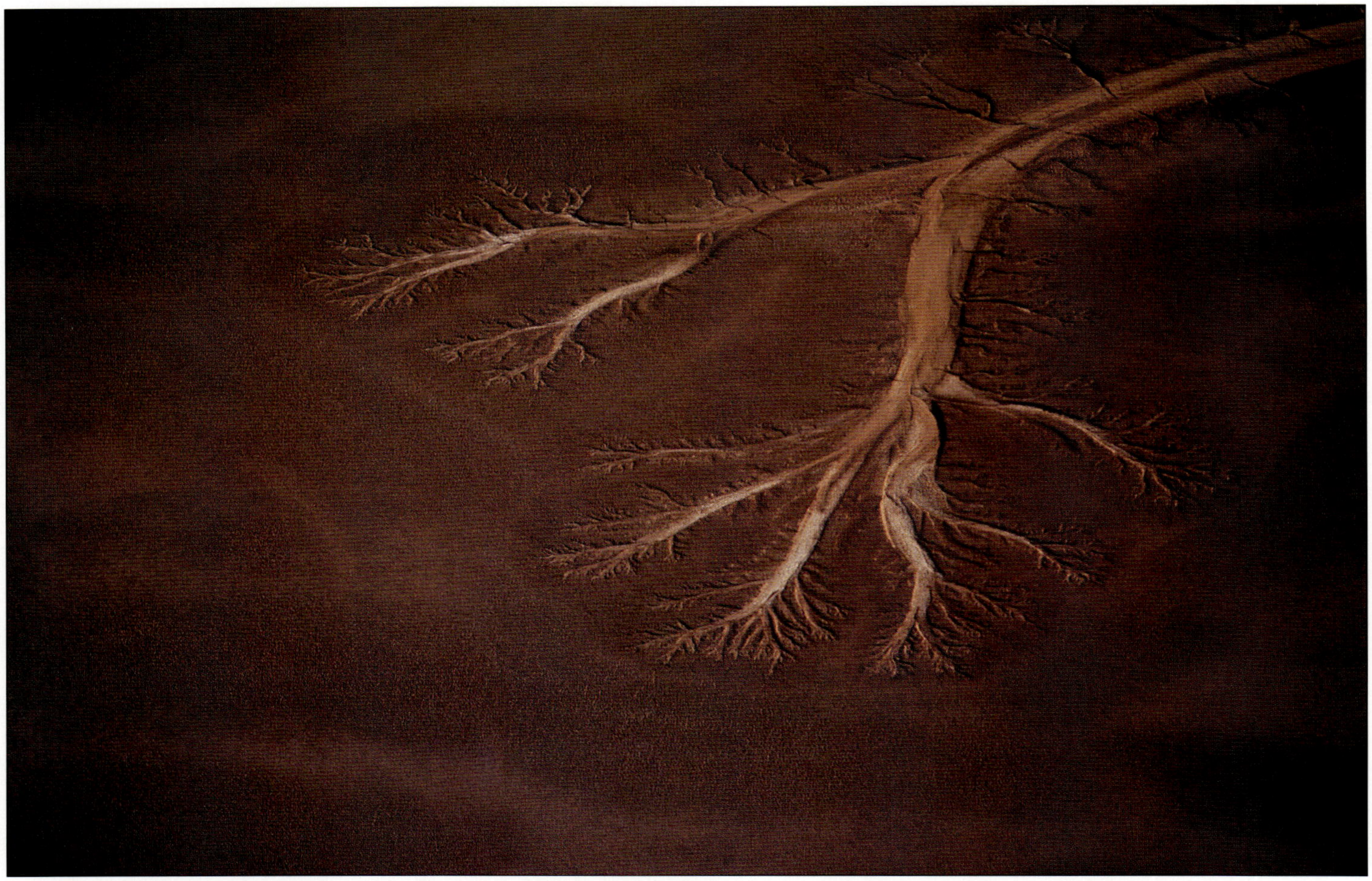

Gezeiten-Schlammzone in der Nähe von Derby, West-Kimberley, WA

Baumwurzel und Sandstein, Cania Gorge, QLD

Aus dem Zusammenhang gerissen, werden Pflanzen am Wegesrand zu eigenen Welten.

Oben: Flaschenbaumrinde, Central Highlands von Queensland

Unten: Schlammstein, Edoline Island, Buccaneer-Halbinsel, WA

Oben: Mädchenhaar-Farn, Dales Gorge, Karijini-Nationalpark, WA

Unten: Tigerauge, Pilbara-Region, WA

Man kann den Reiz der australischen Landschaft erst richtig ausmachen, wenn man sie überfliegt. In dem vierstündigen Flug vom Südosten hinüber nach Perth oder hinauf nach Darwin meint man auf eine endlose sonnengebleichte Leinwand zu sehen, von einem Künstler bemalt, der seine Farben vorwiegend von einem Ende des Spektrums ausgewählt hat – Umbra, Ocker und Braunrot, gebrochenes Weiß, Khaki und Olivgrün. Die Muster wirken zufällig, wie bei einem Tarnanstrich, und die Oberfläche ist so eben und ohne jeden Schatten, daß sich jede Straße, jedes Dach, jeder Fluß eindeutig abhebt. Wenn man die normale Flughöhe erreicht hat, läßt es sich nur schwer ausmachen, ob man auf eine Landschaft oder eine riesige Landkarte hinabblickt.

Erst wenn man nur wenige hundert Meter über dem Boden fliegt, verändert sich der Anblick. Die Formen wirken auf einmal entzerrt, die Farben kräftiger, Kontraste werden subtiler.

Unterlauf des Ord River in der Nähe von Wyndham, Ost-Kimberley, WA

Der Ord River in der Nähe von Kununurra, Ost-Kimberley, WA

In Bodennähe kehrt sich dieser Prozeß um. Wenn man über die Landschaft blickt, wirkt alles real. Die Dinge werden zu dem, was sie scheinen. Doch sobald man näher herangeht und sich nach vorne beugt, hat man schon wieder eine ganz neue Welt vor sich.

Carr-Boyd Range, Ost-Kimberley, WA

Gesteinsschichten, Hamersley Gorge, WA

Querschnitt durch Trümmergestein, Kennedy Ranges, WA

Dies sind die Hände

Dies sind die Hände, die ich wohl nie haben werde, die durch Arbeit vergrößerten Pranken von Großmüttern und Onkeln, Hände, die erst nach und nach diese Form annehmen, Hände, mit denen man nicht geboren wird. Finger so breit wie Werkzeuge. Hände mit Erde unter den Fingernägeln, Hände, die nach Wollfett, Fisch und Tierblut riechen. Dies sind die Hände, aus denen ich komme, Hände mit Knöcheln wie Rinde, übersät mit Sommersprossen und Narben von ausgerutschten Messern. Ich schäme mich nicht für meine Schreiberlinghände, aber ich würde auch nicht nein sagen zu solch einem Paar.

Tim Winton

Colleen McLaughlin, Burnside Station in der Nähe von Springsure, Central Highlands von QLD

Colleen McLaughlin hat ihr ganzes Leben lang auf Burnside Station gelebt, einem 4000 Hektar großen Besitz, der 1884 von ihrem Großvater gegründet wurde. Es war immer ihr Wunsch, Viehwirtschaft zu betreiben. Allein mit ihrem Vater kümmerte sie sich um die Farm, bis dieser 1972 starb. Damals war Colleen 45 Jahre alt und unverheiratet. Ihr Vater war bis dahin ihr einziger Ansprechpartner, und so dauerte es dementsprechend lange, bis sie den Verlust verkraftet hatte. Heute sagt sie: »Das Land bedeutet mein Leben. Als ich das erkannt hatte, konnte ich weitermachen.«
Während der letzten Jahre hat sie Burnside mehr oder weniger allein gemanagt, lediglich mit Unterstützung durch ihre Schwester Lorna. Die beiden Schwestern leiten auch das Old Rainworth Fort, eine beim National Trust registrierte Gruppe historischer Gebäude, die sich am Rand ihres Besitzes befinden. Den dort erwirtschafteten Gewinn spenden sie dem Altersheim von Springsure.

Links: Adam Parbury, Tanami Downs im Westen der Tanami-Wüste, NT

Mit Fingern, deren Farbe an den Schmutz von Viehgehegen erinnert, holt Adam Parbury das letzte bißchen Leben aus einer selbstgedrehten Zigarette, bevor er eine weitere Gruppe Shorthorn-Kälber zum Brandmarken zusammentreibt. Adam ist Manager einer großen Viehzuchtfarm, die im Besitz der Aborigines ist. Er stammt von der Südküste von Neusüdwales und zog bereits als Teenager in den Busch. Bis auf einen kurzen Ausflug an eine Landwirtschaftsschule in England hat er die letzten 20 Jahre auf australischen Viehzuchtfarmen verbracht.

Dorothea Swift und ihre Listen, Wittenoom, WA

Dorothea, über siebzig Jahre alt und preußischer Abstammung, lebt mit 17 Katzen am oberen Ende von Wittenoom und führt viele Listen. »Die eine ist mein Tagebuch, die andere eine Liste meiner täglichen Arbeiten, und die dritte enthält meine Gymnastikübungen.«

Wir haben Dorothea an einem warmen Septembermorgen mehrere Stunden lang besucht. Die scharfsinnige alte Dame, die sich selbst als Alkoholikerin bezeichnet, bot uns gleich »ein paar Erfrischungen« an, womit sie den Schlauch billigen Rotwein meinte, aus dem sie ständig ihre Kaffeetasse füllte. Wir erfuhren, daß sie nicht immer nur Listen geführt hat. In den fünfziger Jahren hatte ihre unbestimmte adlige Abstammung zu einer langen Liebelei mit einem englischen Gentleman geführt, der etwa 20 Jahre älter war als sie und ihr schließlich eine Flitterwochenreise rund um die Welt versprach, wenn sie ihn heiratete. Sie verließen London etwa 1960 und »hatten gerade den Kanal überquert, als aus dem verdammten Wagen Öl auslief«.

Irgendwo in der Türkei blieben sie mit einem Motorschaden liegen und warteten in einem kleinen Dorf, 2000 Meter über dem Meeresspiegel, drei Monate lang auf Ersatzteile. Schließlich erreichten sie Kalkutta und dann Australien, wo sie unerklärlicherweise in Wittenoom landeten.

»Wittenoom ist eigentlich keine Stadt – es ist ein Lebensstil. Es gibt nur sehr wenige Menschen hier, die man als normal bezeichnen könnte, so daß uns kaum etwas überrascht. Tatsächlich sind viele von uns entweder Exzentriker oder Alkoholiker – oder beides. Aber wir kommen recht gut miteinander aus und scheinen sogar viele Gleichgesinnte anzuziehen.«

Helen Norton und »Blut aus Gestein«, Broome, WA

Helen Norton, die 1961 in Melbourne geboren wurde, verließ ihr Elternhaus mit 16 Jahren und trieb sich fast zehn Jahre lang in den entlegensten Gebieten Australiens herum.
Ihre Hände, die früher mit Draht und Blut gearbeitet haben, führen jetzt Pinsel und Farbe. Mit ihnen kreiert Helen preisgekrönte Gemälde und Skulpturen, die auf ihren eigenen Erfahrungen im Busch und den Konflikten zwischen Australiens weißen Siedlern, den Aborigines und dem Land selbst basieren. Helen, die nie an einer Kunstakademie war, malt mit viel Phantasie, Witz und Stil, und ihre Arbeiten sind in ganz Australien zu sehen. Die Themen reichen vom Erhabenen bis zum Schockierenden. Viele sind auf geheimnisvolle Weise komisch, sogar surreal, und enthalten ironische Hinweise auf wichtige Ereignisse und Persönlichkeiten. Ihrer Meinung nach ist die romantische Vorstellung vom Helden im Outback in vielerlei Hinsicht ein zweifelhafter Mythos. »Wir haben unser Image auf einem buntgemischten Fundament errichtet«, bemerkt sie. »Wir wollen eine Nation sein, stolpern aber ständig über unsere Vergangenheit und unsere fragwürdigen Helden. Wichtig für mich ist hier der Mut der Frauen und die Naivität, mit der sie ihren Männern in die rauhe und einsame Wildnis von Kimberley folgten«, erklärt Helen zu diesem Gemälde.

Landschaft aus Schrott

In die ursprüngliche Schönheit Australiens haben wir den Frachtkult, die Schrottlandschaft, eingeführt. Ausgeschlachtete Autos, Reifen, Flugzeuge und landwirtschaftliche Maschinen, die abgestürzt oder steckengeblieben sind. Das tote Känguruh, das mit der Bierflasche in der Pfote am Zaunpfosten lehnt. Der Briefkasten einer Farm, die »Bierdosenregatta«, der Wohnwagen als Heim, die Mauer aus Bierflaschen – in der weiten Landschaft dort draußen erinnern uns diese Dinge daran, daß es uns gibt. Es ist, als würde man im Dunkeln pfeifen – eine Art nervöse, erneute Versicherung. Wir sind Hänsel und Gretel, die vom Weg abkommen. Jede Karosserie steht für eine unerzählte Geschichte: ein schwerer Unfall, ein liegengebliebener Wagen, ein Sichandersbesinnen, ein Familienkrach, ein kaputter Satz Kolbenringe, ein langer Spaziergang in der Sonne. Dieser Schrott ist unsere Spur.

Tim Winton

Suche nach einem entlaufenen Hund. Wills Developmental Rd, Nordwest-QLD

Auf freier Strecke kündet eine verwitterte Karosserie von dem Verlust eines preisgekrönten Hundes.

Links: Detail einer Lastwagentür, Barkly Highway, NT

Über 50 Jahre lang belieferten die Gebrüder Gill die ländlichen Gemeinden Australiens mit Rodeoausrüstungen. An der Grerze von Queensland steht diese sonnengebleichte Karosserie eines ihrer Lastwagen.

Verlassenes Fahrzeug, Roebuck Bay, WA

Ein Oldtimer rostet in der Nähe von Broome friedlich vor sich hin.

Links: Wrack der »Maheno«, Fraser Island, QLD

Nur wenige der rostigen Relikte, die Australiens Landschaft zieren, haben eine so gut dokumentierte Geschichte wie der 5400-Tonnen-Dreischraubendampfer »Maheno«. Er lief 1905 in Schottland vom Stapel, diente im Ersten Weltkrieg als Lazarettschiff und bis Mitte der dreißiger Jahre als Liniendampfer auf der Tasmansee. 1935 geriet er in einen Orkan und wurde an die Ostküste von Fraser Island geschwemmt.

Das Erkunden des Outback gleicht einer Reise in die Vergangenheit. Überall stößt man auf verlassene Häuser, Läden, Farmen und landwirtschaftliches Gerät. Doch all diese Hinterlassenschaften sind von einer merkwürdig lebendigen Aura umgeben. Man hat das Gefühl, als seien die früheren Bewohner eines Tages einfach aufgestanden und hinausgegangen, ohne die Fenster zu schließen und ihren Tee auszutrinken.

Merildin-Nebengleis, in der Nähe von Mintaro im Norden von SA

An einem aufgegebenen Nebengleis der Broken-Hill-Eisenbahnlinie wächst Unkraut an einem von Hand gesteuerten Kran, mit dem Güter entladen wurden. Solche Nebengleise findet man überall im Hinterland von Australien, wo Getreide angepflanzt wird. Da jedoch der Transport heute von Sattelschleppern übernommen wird, wurden viele dieser Nebengleise stillgelegt.

St. Vidgeon, Ruine eines Gehöfts

Roper River, NT

Die 6800 Quadratkilometer große St.-Vidgeon-Station in dem abgelegenen Savannengebiet am Unterlauf des Roper River hatte seit ihrer ersten Besiedlung Ende des 19. Jahrhunderts mehrere Besitzer. Neben feindlich gesinnten Aborigines und Krokodilen erschwerten das rauhe Klima und die äußerst isolierte Lage den ersten Viehzüchtern das Leben. Dieses Haus war der letzte von drei Versuchen, auf dem Besitz eine lebensfähige Siedlung zu errichten. Es wurde in der Nähe des Flusses 1964 für den damaligen Besitzer Jack Pender aus Betonblöcken gebaut. Während der nächsten zehn Jahre wurde der Besitz noch zweimal veräußert und Mitte der siebziger Jahre für immer aufgegeben. Obwohl das Land noch immer im privaten Besitz ist, wurde es seit fast 20 Jahren nicht mehr für Weidezwecke genutzt.

Wandmalerei an einer Supermarktwand, Katherine, NT

Design © Colin Holt 1990

Verlassener Wagen, Wangaratta, VIC

Hinweis auf einen Zufahrtsweg an der Tanami Road, WA

Das Recycling boomt im Outback schon seit langem. Ein ausrangierter Kühlschrank ist das Prachtexemplar eines Briefkastens an der Straße nach Marree, und ein alter Rasenmäher markiert die Zufahrt zu einem Forschungs-Camp in den Killi Killi Hills etwa 50 km westlich der Grenze zum Nördlichen Territorium. »Sie können die Zufahrt nicht verpassen – achten Sie einfach auf den weißen Rasenmäher«, sagte man uns.

Briefkasten in der Nähe von Lyndhurst, SA

Ordnung war nie ein herausragendes Merkmal im Busch. Tatsächlich wurde ein großer Teil der Geschichte des australischen Hinterlandes mit Abfall geschrieben. Zu den ersten Zeichen der Zivilisation an der Überlandstraße von Sydney nach Melbourne zählte in den vierziger Jahren des 19. Jahrhunderts einem Historiker zufolge eine Spur aus zerbrochenen Flaschen. Heute besteht dieses Vermächtnis am Wegesrand hauptsächlich aus fahrbaren Untersätzen.

Verlassener Wagen, Barkly Tablelands, NT

Verlassenes Flugzeug, Bonney Downs Station, WA

Eine Art grundloser Optimismus umgibt vieles, was vom Menschen zurückgelassen wurde.

Getarnte Kuh, Limpinwood Valley, NSW

In den Bergen von Neusüdwales besichtigt ein »Kaufinteressent« das Überbleibsel einer landwirtschaftlichen Auktion.

»Ghan«-Lokomotive, Marree, SA

In ihrer Blütezeit war die Outback-Stadt Marree eine wichtige Zwischenstation an der alten Ghan-Bahnlinie von Adelaide: Die Passagiere stiegen hier nach Oodnadatta und Alice Springs um. Heute endet die Linie hier.

Lastwagenklassiker, Middleback Station, Eyre-Halbinsel, SA

Ein alter Bedford-Truck auf einer Schafzuchtfarm in der Nähe von Whyalla. Der Truck ist noch jung im Vergleich zu dem Zaun, der um die Jahrhundertwende aus einer pittoresken örtlichen Baumart, der Acacia papyrocarpa, errichtet wurde.

EIN RENNEN IN LANDOR

> Es gibt kaum eine Stadt, die etwas auf sich hält und keine eigene Rennbahn besitzt, aber es gibt viele Rennbahnen, wo keine Städte stehen.
>
> Anthony Trollope, Australia and New Zealand, 1873

Erwähnt man in Australien Buschrennen, so denken die meisten Menschen an Birdsville, eine winzige Stadt im einsamen Südwesten von Queensland, wo sich jedes Jahr im September bis zu 5000 Menschen versammeln, um miteinander zu trinken und hin und wieder ein Pferderennen anzusehen. Das Schöne an Landor ist, daß nie eine Verbindung zu einer Stadt oder einem Pub bestand. Der Ort selbst ist ein etwa 1000 km nördlich von Perth und 300 km landeinwärts von Carnarvon gelegenes, isoliertes Stück Land. Die Rennstrecke zieht sich am Aurilla Creek entlang, an der Grenze zwischen den Farmen von Landor und Mt. James, und wird vom Eastern Gascoyne Race and Gymkhana Club zu einem nominellen Zins gepachtet.

51 Wochen im Jahr ist Landor Geisterstadt von Gehegen, Schuppen und Unterständen, die jedes Jahr im Oktober für etwa fünf Tage lebendig wird. Dann finden in dicht gedrängter Reihenfolge Polospiele, Wettrennen und Tanzveranstaltungen statt. Das Rennen von Landor geht auf eine Tradition aus dem Jahr 1921 zurück. Bis auf den heutigen Tag ist das Ereignis ausschließlich Amateuren vorbehalten: Nur nichtprofessionelle Jockeys und im Nordwesten gezüchtete Pferde dürfen an dem Rennen teilnehmen.

Eine Besucherin mustert die Pferde auf dem Sattelplatz.

Während der Rennwoche treffen Staubspuren aus allen Richtungen in Landor zusammen, aber viele Besucher reisen auch mit dem Flugzeug an. Als das unsrige gegen elf Uhr am Montag morgen landete, standen bereits 16 andere Maschinen herum, die ganz nach Belieben im Buschwerk am Ende einer roten Landebahn geparkt waren. Drüben beim Creek, etwa fünf Gehminuten weit entfernt, erstreckte sich ein chaotisches Camp aus Trucks, Pferdekarren und Zelten. Es war der vierte Tag, und die Atmosphäre war ausgelassen, obwohl sich leichte Katerstimmung breitmachte.

In den meisten Camps wurde gerade das Mittagessen gekocht und Vorbereitungen für den Nachmittag an der Rennstrecke getroffen, auf die man in etwa einhundert Metern Entfernung schauen konnte.

Um uns herum wuschen die Leute Socken, kochten Eier, flickten Reifen, packten Reisebündel, richteten Hunde ab und tranken Bier. Ein Bursche in Viehzüchterkluft fuhr sogar mit einem Rennrad in dem Buschwerk herum.

Die Rennen? Obwohl sie drei Stunden dauerten, schienen sie in einem Wirbel aus Hufgedonner und einer Staubwolke in großer Geschwindigkeit an uns vorbeizuziehen. Wie so oft bei derartigen Ereignissen war die Atmosphäre mit Ausgelassenheit geladen, die sich durch die langsam zunehmende Trunkenheit noch steigerte.

Die Rennen? Ich denke, sie waren großartig. Aber man kommt schließlich nicht wegen der Pferde nach Landor, man kommt wegen der Leute. Bill Bachman

Forward Ho ist eine Nasenlänge vo-aus, als die Pferde sich im dritten Rennen der Ziellinie nähern. Früher wurden ganze Koppeln von Farmpferden über Strecken von bis zu 320 km nach Landor geführt, wo die Tiere an den Rennen teilnahmen, bevor sie wieder den Heimweg antraten. Die Reise dauerte in beide Richtungen oft jeweils eine Woche.

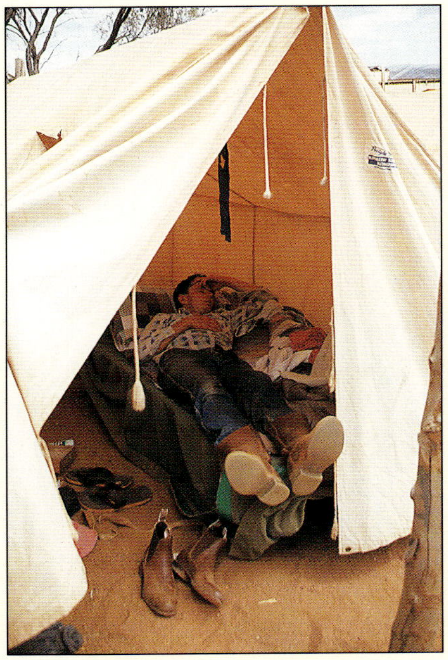

Ein betrunkener Turfer träumt vom nächsten Rennen. Für viele ist Landor eine ununterbrochene Party, bei der in aberwitzigen Mengen Bier konsumiert wird.

»Mist, ich hab' die verdammte Grippe«, behauptete der Bursche auf dem Boden. »Ich hab' versucht, sie mit einer Flasche Rum auszutreiben, aber das hat wohl nicht geklappt. Vielleicht hilft ein Nickerchen.«

Joshua und Luke Price aus Perth werden für den bevorstehenden Cup-Ball gebadet. Früher waren Menschen und Pferde auf das Wasser im Auriall Creek angewiesen, aber der Creek war oft ausgetrocknet, und das Wasser mußte mit Karren herangeschafft werden.

Links: Selbstgebaute Pferdegehege sind eins der Merkmale, die Landor eine ganz eigene Würze verleihen. Alles wurde von regelmäßigen Besuchern finanziert, und obwohl Touristen willkommen sind, braucht man sie nicht als zusätzliche Einnahmequelle.

Oben: Landor war immer eine Familienangelegenheit, die in den Ferien stattfindet. Die Teilnahme am Geschicklichkeitswettbewerb ist bei den jüngeren Teilnehmern besonders heiß begehrt. Viele Gruppen unterhalten feste Lagerplätze – meistens eine Hütte aus Ästen, die als Küche und Eßzimmer dient. Tragbare Generatoren liefern den Strom für Kühlschränke und Beleuchtung.

Das fünfte Rennen am Cup Day war ein spannender Wettbewerb, der von Rare Ebony gewonnen wurde. An zwei Tagen läuft ein volles Rennprogramm ab.

Links: Die Mitgliedertribüne des Eastern Gascoyne Race Clubs befindet sich neben dem wichtigsten Gebäude des Camps: der Bar. In guten Jahren treffen sich über 600 Menschen zu dem viertägigen Volksfest, und viele reisen sogar aus weit entfernt liegenden Orten an.

Unten: Das einzige Wettbüro am Ort hat schlechte Geschäfte gemacht.

Unten: Pferde und Jockeys verlassen vor dem Start des fünften Rennens den Sattelplatz.

Oben: Ein junger Jockey wartet in einem Schuppen auf das nächste Rennen.

Carolyn Ryan aus Geraldton gibt eine Wette auf einen Landor-Hamburger ab.

Im Clubraum der Mitglieder.

Das Rennprogramm wird noch wie früher von Hand geschrieben.

Himmel wie ein Meer

Abseits der Städte ist der Himmel überall, er wirkt wie ein Meer, das noch die verblüffendsten Formationen aus Land und Ferne übertrifft. Das erste, was wir Australier im Ausland feststellen, ist das Fehlen des Himmels, ein Grund für unsere Platzangst in Europa und Asien, die wir selbst noch in den eigenen Städten verspüren. Ja, wir sind eine Nation von Küstenbewohnern, aber das trifft auch auf die zu, die im Hinterland unter diesem anderen Meer leben. Wenn man sehen kann, wie die Erde sich jenseits von Perspektive und Maßstab krümmt, »reicht der Himmel bis runter zu den Stiefeln«, wie einmal gesagt wurde, und man empfindet einen merkwürdigen Trost dabei.

Tim Winton

»Das Land ist hier, der Himmel so hoch und blau und neu, als wurde noch nie ein Atemzug aus ihm herausgeholt: Auch die Luft ist völlig unverbraucht und frisch wie Silber. Und das Land ist schrecklich groß und leer…«

D. H. Lawrence in einem Brief an seine Mutter, 1922

Sonnenuntergang über dem King Sound, Derby, WA

Rechts: Blacksoil-Ebenen in der Nähe von Middleton, westliches QLD

»In Europa ragen die Gipfel in den Himmel, aber wir haben den Horizont.«

Dame Mary Gilmore.
Aus: »The Story of Australian Art« von William Moore, 1934

Für eine Termite mögen sie wie Pyramiden aus Ägypten wirken, aber die einzigen Gipfel am Horizont von Tanami sind, aus der Ferne betrachtet, eben bloß Ameisenhügel. Urzeitliche Entwässerungssysteme, die als fossile Flüsse bezeichnet werden, haben in verschiedenen Teilen des Tanami-Beckens nährstoffreiche Mikrowelten geschaffen. Größere Ameisenhügel wie diese, gebaut von Termiten, die Zugang zu mehr Futter haben, und eine stärkere Population kleiner Säugetiere weisen oft auf das Vorhandensein solcher unterirdischer Wasserläufe hin.

Termitenhügel in der Nähe von Fiddlers Lake, Tanami-Wüste, NT

Channel Country in der Nähe von Boulia, westliches QLD

Wolken ohne jede Feuchtigkeit machen sich über verbrannte Landschaften lustig, in denen ein Eukalyptusbaum und ein Straßenschild merkwürdig deplaziert wirken. Das Barkly Tableland, das fast das ganze Jahr über flach und trocken ist, breitet sich vom Tennant Creek aus fächerförmig nach Osten und Norden aus, zieht sich über mehr als 240.000 Quadratkilometer hin und entwässert sich in den Golf von Carpentaria. In einer guten Sommerregenzeit breiten sich Abflüsse schnell über die Ebenen aus und lassen eines der saftigsten Grasländer Australiens entstehen. Derselbe Monsunregen, der den Gulf Savannah nährt, kann auch durch ein kompliziertes Netz von Flußläufen das trockene Binnenland bewässern. Dieses »Channel Country«, ein flaches Becken, das dreimal so groß ist wie das Barkly Tableland, wird in Jahren mit heftigen Regenfällen zu einer riesigen überfluteten Ebene.

Blacksoil-Ebenen, Barkly Tableland, NT

Lake Ruth, Tanami Downs, NT

Wo sich diese Wolken im Wasser von Lake Ruth am westlichen Rand der Tanami-Wüste widerspiegeln, weidet normalerweise Vieh. Die zum Füllen des Sees benötigten Regenfälle können höchst unregelmäßig auftreten, wie diese in einer Zeitung von Alice Springs erschienene Anzeige verrät: »Zu verkaufen: ein Regenmeßgerät. Zwei Jahre alt. Nie gebraucht. Interessenten melden sich in der Mongrel Downs Station.« (Tanami Downs hieß früher Mongrel Downs.)

Chamberlain River, Ost-Kimberley, WA

Der Chamberlain, der auf diesem Bild wie ein blauer Boulevard wirkt, kann sich während der Regenzeit im Norden auch in eine schlammige Einbahnstraße verwandeln, wenn der trübe Himmel innerhalb weniger Wochen einen Meter Regen ausschüttet. Wenn der Monsunregen vorüber ist, werden die meisten tropischen Flüsse Australiens wieder zu stillen Wasserlöchern.

Australiens eiserner Vorhang

Die gesamte sichtbare Pracht Australiens besteht fast ausschließlich aus Natur. Hier gibt es mehr Land als Leute, mehr Landschaft als Kultur. Australien ist im Grunde kein Land, sondern eher ein Kontinent. Menschen leben hier seit über 40000 Jahren. Sie haben Feuer gelegt, Zeichen in den Fels geritzt, gemalt; sie haben gegraben, vermessen und gebaut, aber nur wenig, was diese Aktivitäten beweisen kann, ist in der Landschaft gewachsen oder paßt in sie hinein. Unsere größten Anstrengungen haben auf dem Kontinent Spuren im Bereich der Umwelt und Ästhetik hinterlassen, etwa das überdüngte Grün des Darling-River-Systems, die Narben und offenen Wunden des Bergbaus, die roten Sandwehen des ruinierten »cattle country«, die Terrakottablüte des vorstädtischen Ausflusses. Am erfolgreichsten war der Mensch in Australien in den kleinen und zufälligen Dingen, selbst wenn sie nur zweitklassig sind. Einer der größten sichtbaren Schätze, die wir besitzen, ist das Wellblech. Überall in Australien, besonders in Gebieten, in denen Bauholz und Geld knapp waren, entstand diese preiswerte Notbehelfsarchitektur. Wellblech, das dauerhaft und anpassungsfähig ist, verhalf uns zu Zäunen, kleinen Häusern, Ställen für die Schafschur, Schulen, Rathäusern, Kirchen. Es ist eins der sichtbaren Merkmale des ländlichen Australiens.

Die Rillen einer Wellblechwand haben etwas Beruhigendes; berührt man das Metall, fühlt man dank der Oxidierung nie zweimal dasselbe. Seine Farbe entwickelt sich, ist nie gleich, läßt einen raten, wann der Rost einsetzen wird. Man stelle sich nur das Sydney Opera House aus Wellblech vor. Für diesen Anblick würde es sich sogar lohnen, ein Flugzeug zu besteigen. Die akustischen Eigenschaften des Metalls können von Millionen bezeugt werden. Welche andere Verkleidung schwingt so trauervoll und beredt im heißen Wind? Das Wellblech hat unseren Schuppen Stimmen verliehen.

Wellblech ist eine wunderbare Täuschung, ein Beweis für unsere behelfsmäßige Kultur. Man stelle sich nur ein Leuchtfeuer in einem roten Meer vor – denn so nimmt der Reisende am Spätnachmittag ein silbernes Dach wahr. Man sieht dieses silberne Dach, fährt in die Stadt und sieht unerschütterliche Ladenfronten, reich verziert und gediegen, einen dauerhaften Ort, eine Zufluchtsstätte der menschlichen Kultur, und dann biegt man um die Ecke und stellt fest, daß die Stadt nur Fassade ist. Ähnlich wie die neue Zivilisation, die sich nur oberflächlich am Küstensaum hinzieht, verdeckt der bürgerliche Klinker einfaches Wellblech.

Tim Winton

Verlassener Morris und Eisenbahnschuppen, Forsayth, Gulf Savannah, QLD

Ein Wagen, der schon lange nicht mehr seinen Dienst tut, fügt dem Wellblech und der Faserzement-Schraffierung an dem alten Eisenbahndepot eines Goldfeldes ein paar eigene Pinselstriche hinzu.

Hintergrund: Hofschuppen, Bronte Park, Tasmanien

Eingeklinktes Bild: Zaun, Wyndham Picture Gardens, Ost-Kimberley, WA

Eine rostige Patchworkdecke. Fische im Meer. Wellblechstücke gleichen sich nur, wenn sie nagelneu sind. Sobald sie Teil von etwas werden, verändern sie sich. Die Metamorphose ist nie abgeschlossen.

Freimaurerloge. Cue, Murchison-Goldfelder, WA

Dieses Wellblechschloß wurde etwa 1899 errichtet und ganz aus verzinktem Eisenblech und Holz gebaut.

Die katholische St.-Patrick-Kirche. Georgetown, Nord-Queensland

Die Entscheidung fällt schwer. Wellblech gibt es unlegiert, angestrichen oder einbrennlackiert, mit groben oder feinen Rillen und flachen oder abgerundeten Wülsten. Im Busch ist das Einfachste meistens am besten, selbst wenn es einem höheren Zweck dient.

Schuppen für die Schafschur. Wooleen Station, Murchison-Distrikt, WA

Dieses Wunderding mit Kuppel erinnert mehr an einen Flugzeughangar als an einen Wollschuppen. Zusammen mit der Küche des Camps, ganz hinten rechts, ist es typisch für viele Farmgebäude, die zwischen 1917 und 1923 im mittleren Westen von Westaustralien von dem berühmten Alf Couch errichtet wurden. Couch, der zugleich Zimmermann, Klempner und Steinmetz war, wurde durch seine besonders kühnen Wellblechkonstruktionen bekannt. Eine Reihe seiner Wollschuppen, Gehöfte und anderer großer Gebäude im Murchison-Distrikt sind noch in Gebrauch.

Verlassene Hütte. Captains Flat, NSW

Teile, die von einer alten Zimmerdecke aus Preßblech stammen, verdecken die Öffnungen einer Bergarbeiterhütte in den Ausläufern des Monaro-Gebirges in Neusüdwales.

Was man als Australiens Wegwerfhaltung gegenüber der Natur bezeichnen könnte, bildet einen Kontrast zu der fast instinktiven Fähigkeit, die häusliche Umgebung zu recyceln. Im Busch werden Dinge nur selten weggeworfen – man legt sie einfach für eine Weile beseite, bis sie oft viel später wieder auftauchen. Alte Boiler feiern ein Comeback als Briefkästen; Bettrahmen werden zu Farmgattern und Wellblechdächer zu Zäunen.

Das Innere eines alten Bergwerksbüros. Day Dawn, Murchison-Distrikt, WA

Auf einem verlassenen Goldfeld in der Nähe von Cue scheint das Tageslicht durch die Nagellöcher eines Fensterladens.

Wellblech wurde 1829 in England erfunden. Die Verzinkung zum Schutz vor Rost folgte 1837. Das erste verzinkte Eisenblech gelangte in den vierziger Jahren des 19. Jahrhunderts zu Beginn des Goldrauschs nach Australien. Zuerst wurde das Material für rostfreies Bergwerksgerät verwendet, in Bögen war es als preiswertes und einfach zu transportierendes Baumaterial beliebt.
Bald ersetzte es Dachschindeln und das immer rarer werdende Bauholz als Verkleidung. In einzelnen Landesteilen entstanden ganze Wellblechgemeinden. Mit der Zeit wurde das Wellblech integraler Bestandteil vieler architektonischer Sehenswürdigkeiten.

Fischerhütte, Carnarvon, WA

Wellblech kommt dem Hang zur Improvisation entgegen. Ob man es senkrecht oder waagerecht verwendet, ist nicht so wichtig – Hauptsache, das Zeug paßt, egal wie man es einsetzt.

Bücherei. Ravenshoe, Nord-Queensland

Da die unedlen Metalle immer und überall zur Verfügung standen, wurden viele Ortschaften im Hinterland von Cairns hauptsächlich aus Eisen errichtet. Dieses »Warenlager der Weisheit« ist in seiner Schlichtheit typisch für einen Wellblechbau.

Wellblech hat viele Vorteile und wird als Baustoff dementsprechend oft eingesetzt. Es läßt sich biegen und falten, doch es verzieht sich nicht, bricht nicht, schrumpft nicht und trocknet nicht aus. Ameisen fressen es nicht an. Es brennt nicht, und es bröckelt nicht. Es ist wasserdicht. Man kann es nageln, schrauben, verdrahten oder löten. Sein einziger Nachteil ist wahrscheinlich, daß es mehr Hitze aufnimmt, als es reflektiert, was jedoch nur ein Problem darstellt, wenn man sich drinnen aufhält. Daß es rostet, läßt es eher noch interessanter aussehen.

Haus, Schuppen und Wassertank. Hughenden, QLD

1878
1916
CORFIELD & FITZMAURICE PTY LTD GENERAL MERCHANTS.

CORFIELD & FITZMAURICE
1878
GENERAL MERCHANTS

Links: Verlassener Laden. Winton, QLD

Die Schönheit dieses filmreifen Ladens in Zentral-Queensland ist zum Großteil Kulisse. Gebäude mit reich verzierten Fassaden und ausgesprochen schäbigen Seitenwänden und Rückseiten trifft man auch heute in Australien noch häufig an.
Corfield and Fitzmaurice waren die dritten Geschäftsbesitzer in Winton. Sie eröffneten 1878 ihr erstes Geschäft und bauten den abgebildeten Laden im Jahr 1916, nachdem sein Vorgänger ein Opfer der Flammen geworden war. Der Laden wurde 1989 geschlossen, aber eine örtliche Frauengruppe sammelt Geld, um ihn als Touristenattraktion wieder zu eröffnen. Zur ursprünglichen Einrichtung gehört auch eine Seilschwebebahn, die Geld und Verkaufsbelege von der Ladentheke zum Kassierer transportiert.

Wellblech kann die Strukturen der Natur nachahmen – manchmal durch die eigene Farbe, manchmal durch kunstvolle Tarnung.

Oben: Lackierte Hauswand. Broome, WA

Mitte: Wellblech, Victoria

Unten: Sanddüne in der Nähe von Parachilna, Flinders Ranges, SA

Gesichter sind Landschaften

Gesichter sind eine Art Landschaften. Man kann die Jahreszeiten an ihnen ablesen, Vergänglichkeit, Feuer und Dürre, vergangene Großmut, verpaßte Chancen. Man sieht, wie die Charaktereigenschaften durchkommen.

Australische Gesichter – herzlich, überrascht, schüchtern, stolz, offen – behalten mit ihrem steten, festen Blick, der mit dem Schlimmsten rechnet, irgendwie immer eine tiefsitzende Skepsis bei. Wahrscheinlich hat das mit der Herkunft der Menschen zu tun. Viele Aborigines zeigen neben einer großen Würde eine gewisse Reserviertheit, eine Unsicherheit, die aus dem Leiden erwächst. In den Gesichtern der Viehzüchter und Ladenbesitzer sieht man eine Großspurigkeit, die über Niederlagen und Enttäuschungen hinwegtäuscht. Es fehlt der Optimismus, den man etwa in amerikanischen Gesichtern sieht, denn es gab keine ruhmreichen Pioniertaten, kein Gelobtes Land, nur lange, harte Lehrjahre.

Merkwürdigerweise hat auch die Landschaft ganz eigene Gesichter. Es ist verblüffend, einen Körper in Stein, eine Figur im Wasser und in den Wolken zu sehen. Nicht nur des Nachts werden Bäume zu Menschen und Zweige zu Körpern von Reptilien. So wird die Vorstellung der Aborigines vom »dreaming« weniger seltsam, die eigene Einschätzung weniger akademisch. Der Busch ist ein schöner und schrecklicher Ort zugleich.

Tim Winton

»Die Welt, in der wir leben, ist doch sicherlich nichts anderes als die Welt, die in uns lebt.«

Daisy Bates, zitiert von Elizabeth Salter in »Daisy Bates«, 1971

Bemaltes Mädchen. Lajamanu, NT

Links: Bemaltes Mädchen. The Channon, im Nordosten von NSW

Jim Ah Quee. Karumba Point, hoch im Norden von QLD

Am äußersten Zipfel der Cape-York-Halbinsel hat Jim seinen Kiosk mit Blick auf das Meer. Wenn er hinter der Theke sitzt, schimmert das Blau des Golfs von Carpentaria in seinen Augen.

Rechts: Jimmy Lenning. Port Roper, NT

Von einem entlegenen Außenposten an der Mündung des Roper River sieht der Barramundi-Fischer Jimmy Lenning hinaus aufs Meer. Jimmy, der Anfang Fünfzig ist und aus Queensland stammt, begann hier etwa 1980 mit dem Fischen. Sein Camp besteht aus einer großen Tiefkühltruhe, ein paar Wellblechschuppen und einem 44-Gallonen-Faß voller leerer Rumflaschen. Große Barramundi und die Bürokratie haben Jimmy gleichermaßen herausgefordert, speziell seitdem die Regierung das berufsmäßige Fischen am Unterlauf des Roper untersagt hat. Wenn er seine Einsamkeit und Freiheit nicht so sehr schätzen würde, hätte er den Krempel schon längst hingeschmissen.

David Elliott und »Arnold«. Quamby, Nordwest-QLD

Als diese Aufnahme entstand, war David Elliott elf Jahre alt und hinter dem Steuer eines Zweitonners kaum auszumachen. Der Wagen war neben dem Quamby Hotel geparkt, einem Wasserloch, das in einer entlegenen Golfregion liegt.
Mit Arnold als Beifahrer und einer Menge Müll auf der Ladefläche fuhr er langsam aus der Auffahrt und die Straße hinunter. Er fuhr nicht mal so schnell, aber es wehte ein frischer Wind, und schon bald hatte sich der Müll selbständig gemacht und flog wie das zerrissene Schwanzende eines Drachens hinter ihm her. Als David endlich an der Müllkippe ankam, war nicht mehr viel zu entladen.

Mrs. A. E. Abbey. Forsayth, Nord-QLD

»Dieses Haus ist nicht, was Sie denken«, meinte sie in bezug auf das zweideutige Schild über der Tür. »Mein Sohn fand den Namen einfach passend.«

Forsayth ist eine kleine Stadt am Ende der alten Eisenbahnlinie der Mine in den Edelsteinfeldern von Gulf Savannah. Das Grundwasser ist so stark mineralhaltig, daß die Häuser durch den Sprühregen der Rasensprenger langsam »rosten«.

Tim MacFarlane. Moroak Station, Roper River, NT

Es ist nicht nur die Architektur ihrer Gesichter, sondern auch ein gewisser Blick, der die Menschen im Busch von den Stadtbewohnern unterscheidet, eine merkwürdige Mischung aus Pessimismus und Zuversicht.
Seit vierzig Jahren lebt Tim MacFarlane in Moroak Station an den Ufern eines tropischen Flusses hoch im Norden des Nördlichen Territoriums. 1985 kaufte er seinen Eltern den Besitz ab, zu dem eine Herde von etwa 4000 Rindern gehörte, die auf einer Fläche von 1600 Quadratkilometern zu Hause waren. Die erzwungene Reduzierung der Herde unter dem kontroversen BTEC-Programm der Regierung (zur Ausrottung der Brucellose/Tuberkulose) und überhöhte Zinsen bereiteten Mitte 1992 allem ein Ende, und die Banken verkauften die Farm. Bei einem Schätzwert von etwa 1,5 Millionen $ ging sie zum Preis von 400 000 $ an zwei Rechtsanwälte. Tim blieb ein Schuldenberg und eine kleine Zuchtherde von Brahmanenkühen.

Jubilee Charger. Delta Downs Station, QLD

Als wir den Camp-Koch Jubilee Charger trafen, arbeitete er für ein Viehtreiberteam. Der Zuchtbetrieb ist im Besitz von Aborigines und befindet sich in der Savannenregion im Norden von Queensland.
Den australischen Farmköchen macht es nichts aus, daß die Camps sich unter freiem Himmel befinden und der Küchenboden aus Erde besteht. Im Grunde genommen können sie eine Mahlzeit überall zusammenwerfen. Ein gutes Mittagessen besteht aus frischem Corned-beef, serviert mit dunkler Worcestershire-Soße, Blumenkohl, Erbsen, Kartoffeln und Kürbis, gefolgt von Obst mit Vanillesoße und großen Bechern schwarzem Tee, mit dem alles hinuntergespült wird.

Links: Frau in einem Wettbüro

Queen's Birthday Picnic Races, Parkes, NSW

»Wettende Frauen sieht man überall auf den Rennbahnen, und man stößt bei den Rennveranstaltungen immer wieder auf dieselben Gesichter. Im allgemeinen handelt es sich eher um Frauen mittleren oder reiferen Alters. Die Damen der Rennbahn kennen keinerlei Scheu.«

Nat Gould, »On and off the Turf in Australia«, 1895

Turfer bei den Queen's Birthday Picnic Races, Parkes, NSW

Fenster mit Aussicht oder Zelle mit Gitter?

Diese beiden Männer haben jeweils eine andere Anschauung vom ländlichen Leben – die eine beruht auf jugendlichem Optimismus, die andere auf bitterer Erfahrung.
Mit 12 Jahren fiel Richard Pollock auf der Pilzsuche von seinem Motorrad und brach sich das Bein. Es dauerte mehrere Stunden, bis sein Fehlen bemerkt wurde, aber es dauerte beileibe nicht so lange, bis die Krähen auf ihn stießen und er versuchen mußte, ihre Überfälle abzuwehren.
Trotz derartiger Traumata und der Tatsache, daß Wolle und Weizen einem jungen Mann heutzutage keine Zukunft bieten, meint Richard, daß sein Vater gut daran getan hat, als er das alte Gehöft, in dem die Familie heute lebt, pachtete. Wenn er mit der Schule fertig ist, will er selbst Viehzüchter werden.

Richard Pollock. Wooleen Station, Murchison-Distrikt, WA

Ray Kennedy. Roy Hill Station, Ost-Pilbara, WA

Die Romantik des ländlichen Lebens ist für Ray Kennedy nicht ganz so groß. Im Grunde stimmt mit seinem Leben und seiner Arbeit alles, aber die Einmischung der Regierung und des Big Business bereitet ihm Probleme.
Ray wurde bereits einmal von der Regierung von einer Viehzuchtfarm vertrieben. Heute lebt er mit seinem Bruder Murray und seiner Mutter auf einem über vierhunderttausend Hektar großen Besitz nördlich von Newsman. Mit allem Einsatz haben die drei ihr Leben lang Krieg gegen die unterschiedlichsten Schurken geführt – seien es nun Bürokraten oder andere. Ihre jüngste Vendetta richtet sich gegen die Interessen eines großen Bergwerks, die ihrer Meinung nach den Fortescue River ernstlich in Gefahr bringen. Sein Flußablauf führt direkt durch Roy Hill. Die Kennedys behaupten, daß das Bergwerk durch Störung des Grundwasserspiegels den Wasserertrag um die Hälfte verringert hat. Obwohl es hier im Grunde um ihren Lebensunterhalt geht, betrachten die drei derartige Gefechte gewissermaßen als Unterhaltung und Spiel – doch bisweilen vergeht ihnen die gute Laune. »Die verdammten Politiker und Bürokraten ruinieren dieses Land«, meint Ray. »Ich habe nichts dagegen, Steuern zu zahlen, aber wir arbeiten hart für jeden Pfennig, den wir verdienen, und ich bin sauer, daß das, was wir an die Regierung zahlen, für Blutsauger ausgegeben wird, die nur auf ihrem Hintern sitzen.«

Jack Western, Bob Mackenzie und Bryan Steele. Gascoyne Junction, WA

Buschmechaniker ist einer der angesehensten Titel, die ein Mann in Australiens Outback erwerben kann. Er ist praktisch gleichbedeutend mit einem akademischen Abschluß, und nur wenige Beamte sind für das Leben auf dem Land wichtiger. Manchmal müssen ein paar Ersatzteile bestellt werden, bevor eine Panne behoben werden kann, aber es gibt nichts, was sie nicht wieder in Ordnung bringen können.
Zusammen mit seinem Partner Bryan Steele und dem Helfer Bob Mackenzie kümmert sich Jack Western (links) um die Gerätschaften der örtlichen Gemeinde und arbeitet als »Reparaturmann« für alles. »Mir gefällt's hier draußen. Es gibt immer genug zu tun, und das Beste daran ist, daß einen niemand dabei stört.«

Rechts: Lance Rawson und Lindsay Latta. Chillingham. NSW

Ein Bier und eine Zigarette sind die einzige Unterbrechung, die sich diese beiden kampfgenarbten Männer, die im Nordosten von Neusüdwales Zäune errichten, erlauben.

»Ein Mann, der Lohn bezieht, muß hierzulande keineswegs vor dem Mann, der ihn bezahlt, den Hut ziehen oder durch irgendein anderes äußerliches Zeichen seine Unterlegenheit zeigen. Anstelle von Unterwürfigkeit ist ein männliches Auftreten und eine offene, freundliche Höflichkeit getreten, die in bezug auf Benehmen wenig zu wünschen übrigläßt.«

Aus einem Brief von Anthony Trollope aus dem Jahr 1875

Keith Dellar

The Granites Gold Mine,

Tanami-Wüste, NT

In einer der entlegensten Goldminen Australiens, etwa 550 Kilometer nordwestlich von Alice Springs, arbeiten Bergleute wie Keith Dellar jeweils vier Wochen an einem Stück, bevor sie für zwei Wochen nach Hause zurückkehren. Sie schuften zehneinhalb Stunden am Tag in Tiefen bis zu 300 Metern, wobei sie nur für eine halbstündige Pause das Tageslicht sehen.
Die Bodenschätze im Landesinnern bedeuten immer noch eine wichtige Grundlage der australischen Wirtschaft. Zusammen mit der Landwirtschaft produzieren Industrien, die Bodenschätze abbauen, etwa 80 Prozent der Exporte des Landes.

»Cecily: Ich glaube kaum, daß du Krawatten brauchst. Schließlich schickt Onkel Jack dich nach Australien.«

Oscar Wilde, Bunbury oder Die Wichtigkeit, ernst zu sein, 1895

Don Ketteringham. Wooleen Station, WA

Die Brüder Bill und Don Ketteringham, beide um die 65 und mit ähnlichen von Wind und Sonne gebleichten Gesichtern, haben auch ähnliche Vorstellungen, was die Arbeit betrifft. Bill sammelt den Müll und bedient das Elektrizitätswerk in der alten Goldgräberstadt Cue in Murchison.
Eigenen Angaben zufolge hat Don »ein hartes Leben« hinter sich. In jüngeren Jahren arbeitete er als Schafscherer, Lastwagenfahrer, Schlosserhelfer und Fabrikarbeiter. Dann verlor er eine Lunge und bediente anschließend 33 Jahre lang schwere Erdbaumaschinen.
Die letzten 15 Jahre hat er im Murchison-Distrikt verbracht, wo er – so berichtet der ehemalige Bürgermeister Brett Pollock – jeden Tag mit einem halben Dutzend Flaschen Bier in die Kabine seiner Planiermaschine gestiegen ist. »Er hat das Zeug warm getrunken, eine Flasche nach der anderen, den ganzen Tag lang«, erzählt Brett. Als Don in Murchison Settlement eintraf, gab es dort keine Häuser, und er mußte eine Hütte aus Ästen für sich bauen. Wahrscheinlich war es die einzige Behausung dieser Art in WA, die mit Tiefkühltruhe und Videorekorder ausgestattet war. Als Brett Pollock die nahebei gelegene Wooleen Station kaufte, zog Don als Verwalter von eigenen Gnaden dorthin.
»Ich bin an die Einsamkeit gewöhnt«, erzählte er mir Ende 1991, bevor er sich in Carnarvon zur Ruhe setzte.
»Ich habe hier meine Hühner, meine Schweine und Vögel (er hielt 56 Vögel in seinem Vogelhaus in Wooleen, unter anderem die kleinen Papageien hier auf dem Foto), für die ich sorgen muß.«

Bill Ketteringham. Cue, WA

West MacDonnell Ranges in der Nähe von Glen Helen, NT

Nach den Mythen der Aborigines besteht ein großer Teil der australischen Landschaft aus riesigen Ungeheuern, deren Spuren überall sichtbar sind. Auf diesen Bildern schwimmt der Schwanz eines riesigen Reptils auf Lake Argyle; die Wirbelsäule eines Ungeheuers bildet eine Bergkette westlich von Alice Springs.

Links: Carr Boyd Ranges, Lake Argyle, Ost-Kimberley, WA

Eukalyptusbaum in der Nähe von Hamersley Gorge, Karijini-Nationalpark, WA

»Nur in Australien findet man diese merkwürdigen Kritzeleien der Natur, die gerade das Schreiben lernt. Manche Menschen finden nichts Schönes an unseren schattenlosen Bäumen, unseren duftlosen Blumen und flügellosen Vögeln. Aber der Siedler in der Wildnis weiß den hintergründigen Charme dieses Landes zu schätzen und freundet sich mit der Schönheit der Einsamkeit an. Unter dem Geflüster zahlloser Zungen erlernt er die Sprache der Wildnis und kann die Hieroglyphen der hageren Eukalyptusbäume entziffern… Der Dichter unserer Einsamkeit beginnt zu verstehen, warum der freie Esau den Wüstensand mehr liebte als die Fülle Ägyptens.«

Marcus Clarke, aus seinem Vorwort zu der zweiten Ausgabe von Adam Lindsay Gordons Buch «Sea Spray and Drift Smoke«, 1876

Feigenwurzeln und Sandstein. Edith Creek, Katherine-Gorge-Nationalpark, NT

Links: Trockener Damm zwischen Boulia und Winton Channel Country, West-QLD

Unten links: Wolfe Creek Crater Ost-Kimberley, WA

Wie ein Auge mit schwerem Lid starrt dieser Krater uns an. Mit einem Durchmesser von 850 m und einer Tiefe von 50 m ist er der zweitgrößte Meteoritenkrater der Welt. Er liegt etwa 90 km südlich von Halls Creek. Die »Pupille« in der Mitte ist eine große, flache Einbuchtung, wo eine Baumgruppe sich Feuchtigkeit heranholt.
Der Krater ist mindestens eine Million Jahre alt und war den einheimischen Aborigines wohlbekannt. Sie glauben, daß eine der beiden Schlangen, die die sich windenden Flußbetten des nahegelegenen Wolfe und Sturt Creek geschaffen haben, in dem Krater aus der Erde herausgekrochen ist. Offiziell wurde er erst 1947 von einem Geologen entdeckt.

Rechts: Angophora-Rinde Carnarvon Gorge, QLD

Manchmal ahmt die Natur den menschlichen Körper verblüffend genau nach. Hier schmückt eine perfekt geformte Brust einen Apfelbaum in den Central Highlands von Queensland.

Die Küste von Nordwest-Kimberley in der Nähe von Koolan Island, WA

Diese überschwemmten Mangrovenbuchten erinnern an natürliche Bootshäfen und sind Teil des Buccaneer-Archipels. Die abseits gelegene Küste wurde 1821 von Philipp Parker King zum erstenmal vermessen. Aufgrund der tückischen Gegebenheiten des Wassers dort wurde sie seitdem kaum weiter erforscht und ist größtenteils menschenleer.

Einige Teile Australiens sind so isoliert und unberührt, daß sie nur eine Urgeschichte haben. Trotz all unserer Bemühungen, dem Kontinent unseren Stempel aufzudrücken, gibt es noch immer Landschaften, in denen sich Grund nichts verändert hat, seitdem die ersten Menschen durch sie hindurchzogen.

Anhäufung von Sandsteinkuppeln, Purnululu (Bungle Bungle) Nationalpark, WA

Die spektakuläre Bungle Bungle Range wurde erst in der jüngsten Vergangenheit von den weißen Australiern entdeckt, obwohl sie den Aborigines schon immer bekannt war. Sie bedachten viele Wunderwerke der Natur mit Namen und ließen unzählige Gräber, heilige Stätten und viele eindrucksvolle Beispiele von Felsenbildern zurück. Die brüchigen Sandsteinkuppeln und Schluchten stehen seit 1987 in einem 320 000 Hektar großen Nationalpark.

EIN REIGEN
auf dem Lande

In der Stadt heißt Zugehörigkeit zur »Gesellschaft« die Teilnahme an der modischen Welt der privilegierten Klassen; auf dem Land bedeutet es heutzutage meist nur den Eintritt ins Erwachsenenalter. Für die meisten Jugendlichen auf dem Land beginnt dieser erste Schritt mit einem altehrwürdigen Brauch: dem Debütantinnenball.

In vielen dichter besiedelten Gebieten gehören solche Gepflogenheiten längst der Vergangenheit an, aber im Mallee von Victoria – dem Land des Weizens, der Wolle und des Himmels – scheint die Zeit stehengeblieben zu sein, und der Debütantinnenball markiert ein wichtiges Ereignis im Kalender.

In Rainbow ist es die wichtigste Wohltätigkeitsveranstaltung für den Netzball-Club des Distrikts, der jedes Jahr im Oktober die neuen Schülerinnen der Klasse 11 einlädt.

Die zukünftigen Debütantinnen und ihre Partner beginnen bereits lange vor Weihnachten mit den Proben. An dem Sonntag vor dem Ball erreichen die Vorbereitungen ihren Höhepunkt, wenn die Mädchen in langen Petticoats und die Jungen in Jeans den ganzen Nachmittag lang üben.

Für Mrs. Joan Harmer, die seit Jahren die Debütantinnen betreut, ist dieser Ball ein wichtiger Schritt ins Erwachsenenalter. »Die meisten dieser jungen Leute begeben sich damit zum ersten Mal in die große Gesellschaft. Meiner Meinung nach kommt es ihnen überall im Leben gut zustatten, richtig Walzer tanzen zu können. Außerdem ist es eine Wachstumserfahrung. Die meisten Jungen tragen zum erstenmal einen richtigen Anzug mit Kummerbund und weißen Handschuhen und allem Drum und Dran, und die Mädchen treten meistens zum erstenmal im langen Abendkleid auf. Am Anfang geht das speziell den Jungen noch etwas auf die Nerven, doch zu guter Letzt sind sie alle sehr aufgeregt, weil sie die Möglichkeit haben, sich wie junge Damen und Herren aufzuführen.«

Bill Bachman

Diese Debütantinnen beim »Rainbow & District Debutante Ball« von 1991 sind nervös wie eine Gruppe junger Bräute, bereiten sie sich auf das größte Ereignis ihres jungen Lebens vor.

Jenelle Christian ist hinter dem riesigen Chiffonfächer in der Mitte hervorgetreten und hat die wacklige Holzrampe erfolgreich gemeistert.

Tiffany Wilson und Matthew Abbott verneigen sich vor einem Parlamentsmitglied. Wie die meisten Debütantinnen hat Tiffany ihr Kleid gekauft; nur wenige Mädchen schneidern es selbst.

Einer der Höhepunkte des Abends ist der Schautanz, bei dem die Paare nicht nur die erlernten Schritte vorführen, sondern manchmal auch ein paar lockere Improvisationen einfließen lassen. Tatkräftig unterstützt von der Musik der Gruppe «The Blenders« führten sie 1991 vor vollem Haus den Swing Waltz und den Fascination Waltz vor. Zum Abschluß des formellen Teils des Abends tanzten dann Honoratioren und Eltern mit.

Simone Gregory hat den offiziellen Teil und damit das Schlimmste überstanden. Sie genießt einen unbeobachteten Augenblick mit ihrem Ballherrn Simon Laves und läßt sich mit zwei Freundinnen fotografieren.

Debütantinnenbälle sind normalerweise eine Familienangelegenheit. Entsprechend der Anzahl der Gäste wird jedem Mädchen oder Jungen ein Tisch mit Plätzen für Verwandte und Freunde angewiesen. Das Eintrittsgeld beträgt 30 $ für Familien, 20 $ für Paare und 15 $ für Einzelpersonen. Im Preis ist das Abendessen inbegriffen. »Zuschauer« können für 5 $ an der Tür Karten kaufen.

Erfrischungsgetränke sind auf den Tischen der Debütantinnen viel häufiger zu sehen als Bier. Die Freunde der Mädchen – bei denen es sich nicht um die Tischherren handelt – halten sich oft im Hintergrund auf, um bei Gelegenheit mit ihnen zu schmusen oder ihnen etwas zuzuflüstern.

Wenn der Boden völlig sauber ist, wird der Tanz für groß und klein eröffnet. Wie auf dem Lande üblich, wird der Abend wahrscheinlich gegen ein Uhr morgens mit einer Aufführung des »Hokey Pokey« sein stürmisches Ende finden.

Nach ein paar Runden auf dem Parkett ist Überhitzung nichts Ungewöhnliches, doch der Anstand verlangt es, daß man sich, um den Kragen zu lockern, nach draußen begibt.

Die Romantik des Reisebündels

Was das Übernachten unter freiem Himmel angeht, war ich ein Spätzünder, aber ich habe mich schnell und gern von seinen Reizen überzeugen lassen. Der Geruch von Segeltuch hat etwas Nostalgisches für mich. Ich denke an Planen, unter denen ich geschlafen habe, Zelte, die mir Schutz gewährt haben, an mein erstes Paar Levis-Jeans. Wenn ich mich zurücklege und das flackernde Feuer gerade noch aus dem Augenwinkel wahrnehme, erinnere ich mich immer daran, wie ich neun Jahre alt war und vor Begeisterung zitterte.

Wenn man unter der Reisedecke schläft, kriegt man rote Backen. Wenn man, wie ich, häufig aufwacht, sieht man, wie die Nacht ihren Verlauf nimmt, bis sie in der Morgendämmerung ihren kleinen, langsamen Tod stirbt, und beim langsamen Erwachen versetzen die ungewohnten Schatten von Wänden und Zelten einen nicht in Angst. Man sieht eine Eule, einen Ameisenigel, ein Känguruh, das des Nachts vorüberzieht. Man spürt die ersten Sonnenstrahlen im Gesicht und den Tau im Haar. Jeder Bürger sollte zu seiner Geburt ein Reisebündel erhalten. Vielleicht könnten wir dann in den Vorstädten wieder auf der Veranda schlafen. Wir könnten mehr Veranden bauen.

Tim Winton

John McGavin, unterwegs beim Rinderfang

El Questro Station, WA

Die einzigen aufrechten Dinge, die diese Morgendämmerung in Kimberley begrüßen, sind ein 50 Jahre alter Studebaker-Viehtransporter und ein alter Boab-Baum. John McGavin schlummert, eingewickelt in eine patriotische Reisedecke, weiter.

Das Wort »swag« – Reisebündel – bedeutete einst gestohlene Beute und verriet damit Australiens ursprünglichen Zweck als Gefangenenkolonie. Später stand das Wort einfach für Bündel oder Paket und schließlich für ein paar aufgerollte Decken, die persönliche Habseligkeiten enthielten. Henry Lawson pries diese einzigartig australische Form des Gepäcks 1907 in einem Essay mit dem Titel »The Romance of the Swag«. Darin beschreibt er genau, wie es aufgerollt und getragen werden sollte, und führt den Inhalt des zusammengerollten Bettzeugs eines Tramps auf mehreren Seiten auf.

Heute sind Designer-Reisebündel mit eingenähten Moskitonetzen und modischen Stoffen besonders bei städtischen Cowboys beliebt, aber in seiner korrektesten Form besteht das Reisebündel immer noch einfach aus einer dünnen Matratze, vielleicht einem kleinen Kissen, und aus einem Laken und Decken oder einem Schlafsack. Alles wird mit einem Satz Kleidung zum Wechseln in einen passenden Segeltuchbezug eingewickelt.

Links: Boab-Gehölz, Pivot Hill

Ost-Kimberley, WA

Bäume wie Traumfiguren vor einem sich drehenden Himmel.

Erica Elliott, Moroak Station, Roper River, NT

Wenn der November kommt, werden die Nächte in der oberen Ecke Australiens einfach zu warm und stickig, um drinnen zu schlafen. Plötzlich sind alle auf der Suche nach einem kühlen Plätzchen. Die Hunde ziehen sich unter das Haus zurück oder graben sich ein Loch unter einem Mangobaum. Die Menschen schlafen auf der Veranda, bauen eine Liege im Garten auf oder breiten eine Decke auf dem nächsten Stück Beton aus, das sie finden können. Jeder Platz, der sich schnell abkühlt oder eine leichte Brise abbekommt, ist besser als das stickige Schlafzimmer.

Für die Herrin von Moroak, Erica Elliott, entspricht das Trampolin der Kinder genau ihrer Vorstellung von einem Fünf-Sterne-Bett. Die Lüftung ist großartig und die Liegefläche weit genug vom Boden entfernt.

Links: Merv Wortley. Ruby Plains Station, West-Tanami, WA

Gerade aus dem Sattel gestiegen, liest Viehtreiber Merv Wortley nach einem langen Arbeitstag seine Post beim Schein der Gaslaterne. Gleich gibt es Essen, und dann geht's ins Bett. Kein Fernsehen, kein Kartenspiel, rein gar nichts. Um neun Uhr wird er bereits sein Reisebündel auf dem alten Drahtrahmen ausgebreitet haben.

Rechts: Rohrgras und Sternenspuren.

Inglis Gap, West-Kimberley, WA

Hunde regieren das Land

Hunde? Sie regieren das Land. Ich bin mir sicher, daß sie in unzähligen Landtagen sitzen. Sie tauchen in jedem Familienporträt und Hausfries auf, thronen auf Autodächern und Motorradsitzen.

Der Holden-Truck wurde für Hunde gebaut. Die Ladefläche des Wagens ist für einen Hund wie eine Schiffsbrücke. Er läuft hin und her, stolziert, bellt Anweisungen, drückt ein Auge zu, und der Fahrer weiß, daß der Hund ihm nicht von hinten den Hals vollsabbern wird, denn er wird von der verschmierten Kabinenscheibe abgehalten. Der Farmhund ist oft klüger als der Farmer und riecht besser als so mancher Motorradfahrer. Er kann Dinge tun, die ich und Sie nicht schaffen, Dinge, an die wir uns nicht heranwagen. Er ist eine Kraft, mit der zu rechnen ist, und in mancher Hinsicht sein eigenes Lokalkolorit.

Tim Winton

Links: »Spark«. Strathayr Station, bei Richmond, Tasmanien

Der Regierung ist es in den letzten Jahren gelungen, dem Leben durch Gesetze eine Menge Spaß zu nehmen, aber zumindest gibt es noch keinen Helmzwang für Hunde.

»Chuck« und Ross Thompson. Nardlah Station, im Südwesten von WA

Nach einer Umfrage aus dem Jahr 1992 besaßen 37 Prozent der australischen Haushalte einen oder mehrere Hunde. Man könnte es auch anders ausdrücken: 37 Prozent der australischen Hunde besitzen ein oder mehrere Herrchen.

Hund mit Brille. Snake Creek, Nord-Queensland

Gefleckter Hund. Wonga, Nord-Queensland

»Major« und Art Muller, El Questro Station, Ost-Kimberley, WA

Ist Ihnen schon mal aufgefallen, wie Hunde ihre Umgebung beherrschen…

Rührende Warnung vor dem alten grantigen Wachhund.
Cloncurry, Nordwest-QLD

… ob sie nun da sind oder nicht?

»Cara«. Sweers Island, Golf von Carpentaria, QLD

Die Hundebevölkerung von Sweers Island, einem Flecken in der South Wellesley Group, besteht aus zwei Tieren.

Cara, eine Blue-Heeler-Rasse aus einem Fischerort in Queensland, mit einem Hang zur Waghalsigkeit, gehört Tex und Lyn Battle. Wenn Cara nicht gerade auf dem Flügel eines Flugzeugs spazierengeht, läßt sie sich auf dem Dach des einzigen Wagens der Insel herumfahren.

»Cujo« und Ray Harding. Sweers Island, Golf von Carpentaria, QLD

Cujo, der in einem anderen Camp lebt, ist viel stärker auf Sicherheit bedacht. Er bevorzugt schützende Gitter und trägt einen »Sicherheitsgurt«, selbst wenn er hinten sitzt.

Rambo und Suzy Wong mit Don Ketteringham.

Wooleen Station, Murchison-Distrikt, WA

Für manche Männer sind Hunde der einzige Teil der Familie.

Don Ketteringham hat eigentlich einen Bruder, der in demselben Distrikt lebt, doch er sieht ihn kaum. Ein Mann kann es durchaus ein, zwei Jahre aushalten, seinen Bruder nicht zu sehen – aber ein Tag ohne Hund wäre kein richtiger Tag.

Butch, Dutch, Cujo und Craig Hackett, Kununurra, Ost-Kimberley, WA

Dasselbe trifft auf Craig Hackett zu. Er ist unverheiratet und lebt noch bei seinen Eltern, aber er hat drei Kinder, die ihn überallhin begleiten, nie um ein Eis betteln und nie fragen: »Wann sind wir endlich da, Dad?«

Bäume wie Menschen

Im Markusevangelium findet sich die Geschichte von der Heilung eines Blinden. Als er erst nur verschwommen sieht, kommen ihm die Menschen wie Bäume vor. Als Kind hat mich die Wahrheit dieses Bildes immer beeindruckt. Ich habe damals Bäume gesehen, die sich in dem unablässigen Südwestwind fast parallel zum Boden entwickelten. Die Baumkronen steckten im Schlamm, die Stämme wirkten wie gehäutet, und insgesamt machten sie auf mich einen menschlichen Eindruck. Ich betrachtete sie als Sklaven, als eingeschüchtertes und unterdrücktes Volk.

Es überraschte mich nicht, daß die Erwachsenen von Gliedern, Kronen und Narben sprachen, wenn sie sich über die einheimischen Bäume Australiens unterhielten, denn sie sind merkwürdig körperlich. Man braucht nicht viel Phantasie, um zwei ineinander verschlungene Boabs als Liebende zu sehen, eine Gruppe von sich schälenden Eukalyptusbäumen an einem Farmgatter als melancholisch sinnierende, sonnengegerbte Viehhirten. Und wenn man einen Karri-Wald sieht, denkt man an eine kraftvolle Armee – an Bäume wie gehende Menschen.

Tim Winton

Stamm eines Baums im Regenwald,
Lamington-Nationalpark, Südost-QLD

Karri-Wald in der Nähe von

Pemberton

im Südwesten von WA

Der »Eucalyptus diversicolor« ist der größte Baum Westaustraliens, der bis zu 85 Meter hoch werden kann. Er ist in einem relativ kleinen Gebiet zu Hause, das sich von Albany in Richtung Westen nach Cape Leeuwin hinzieht, wo die jährliche Regenmenge über 1000 mm beträgt. Es handelt sich um einen echten »Eukalyptus«-Baum mit glatter Rinde an dem säulenartigen Stamm. Regelmäßig wirft er seine alte Rinde ab und zeigt dann seine neue Haut in verschiedenen Farben – daher auch sein wissenschaftlicher Name. Das Holz zählt zu den beliebtesten Harthölzern Australiens.

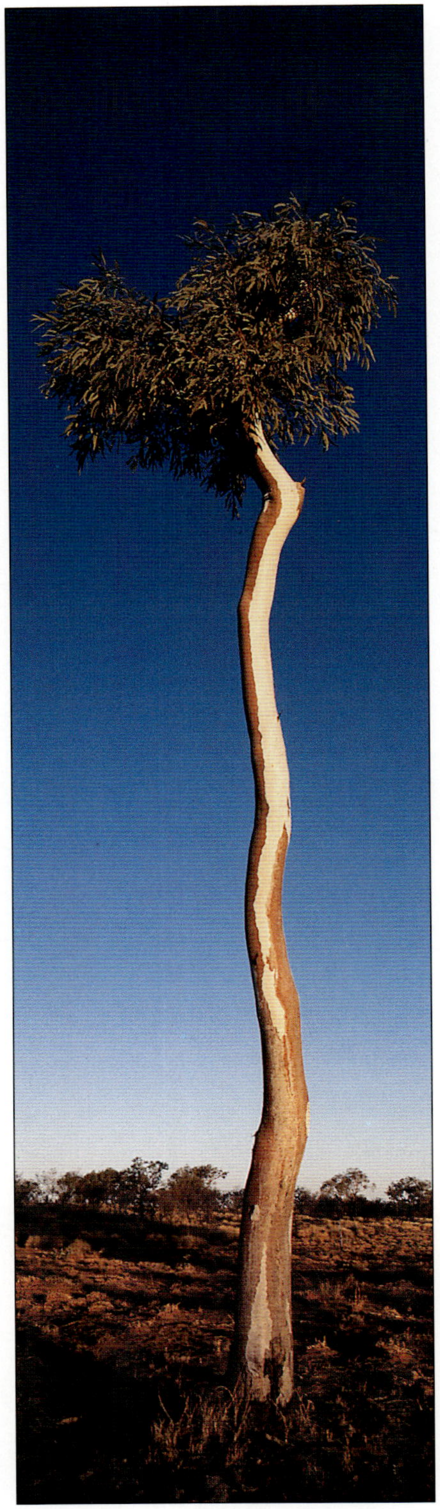

Fluß-Eukalyptus. Frew River, NT

Palme. Georgetown, QLD

Eukalyptusbaum. Ost-Kimberley, WA

Boab-Bäume. Ost-Kimberley, WA

Gemälde in einem verlassenen

Leprosorium

Derby, West-Kimberley, WA

Der aufgedunsene Stamm des Boab-Baumes hat Künstler und Touristen seit den ersten Tagen der Erforschung von Kimberley gleichermaßen angesprochen. Diese grotesken Bewohner der Landschaft im Nordwesten können eine erstaunliche Größe erreichen. Der riesige, hohle Boab mit etwa 14 Metern Durchmesser am Rande von Derby, der auf diese Wand gepinselt wurde, diente in den Pioniertagen Ende des 19. Jahrhunderts als Stadtgefängnis.

Eukalyptusbaum

Lawn-Hill-Nationalpark, Nordwest-QLD

So zierlich, wie der Boab plump ist, wächst dieser kandelaberartige Eukalyptusbaum fast ausschließlich auf Felsgestein in Gebieten mit geringem bis mittlerem Niederschlag. Seine glatten, krummen Zweige bilden einen Kontrast zu den kleinen, rauhen Blättern.

Geisterbäume. Trephina Gorge, östliche MacDonnell Ranges, NT

Australien ist eines der wenigen Länder der Welt, mit dem man sofort ein bestimmtes Gewächs assoziiert: den Eukalyptusbaum. Dabei handelt es sich jedoch um eine große Gattung, die aus über 500 Arten besteht und von kleinwüchsigen bis hin zu einigen der größten Bäumen der Welt reicht. Innerhalb der einzelnen Sorten ist jeder Baum »Individualist« und seinem Nachbarn so wenig ähnlich, daß er fast einem anderen System anzugehören scheint.

Die große Formen- und Farbvielfalt der Eukalyptusbäume hat schon Generationen australischer Künstler begeistert.

Der berühmte Aquarellmaler Hans Heysen, der vorwiegend Landschaften gemalt hat, hielt den Eukalyptusbaum für ein Naturwunder:

»Besonders gut gefällt er mir wegen seiner Kombination aus Macht und Zartheit – mächtig in der Stärke seiner Glieder und zart in der Art seiner Bekleidung. Ich kenne keinen anderen Baum, der dekorativer ist, was die fließende Bewegung seiner Glieder und die Muster der Rinde auf seinem Hauptstamm betrifft.«

Zitiert nach William Moore,
»The Story of Australian Art«, 1934

Die englischen Soziologen Beatrice und Sydney Webb, die Australien 1898 besuchten, hielten nicht viel von dem Eukalyptusbaum – was auch auf alles andere Australische zutraf:

»Der Eukalyptus ist merkwürdig unattraktiv, nicht nur aufgrund seiner müden Farbgebung, sondern auch wegen seiner fehlenden organischen Form. Er ähnelt dem Versuch eines Kindes, einen Baum zu zeichnen, denn sein Stamm, seine Äste und Zweige breiten sich in ruckartigen geraden Linien in alle Richtungen aus, wobei sich kleine Büschel fedrigen Laubs an allen Extremitäten befinden.«

Aus: Beatrices Tagebuch,
»Australia Brought to Book«, Ed. Kay Harman, 1985

Eucalyptus cladycalix, Eyre-Halbinsel, SA

»Der Eukalyptus, von dem ich erwartet hatte, daß er grau und monoton sein würde, war ein Proteus in Form und Farbe … mit einer endlosen Vielfalt von Schattierungen …«

J. A. Froude, »Oceana, or England and Her Colonies«, 1886

Stamm des Eucalyptus terminalis. Constance Range, Nordwest-QLD

Regendurchtränkte Eukalyptusrinde. Numinbah Valley, im Nordosten von NSW

Gefleckte Eukalyptusrinde. Carnarvon Gorge,
Central Highlands von QLD

Sich schälende Eukalyptusrinde. Carnarvon Gorge,
Central Highlands von QLD

Farnbaum und Sandsteinklippe. Carnarvon Gorge, Central Highlands von QLD

Fast wie mit Absicht verleiht ein Farnbaum den versteinerten Pastelltönen am Carnarvon Creek eine Spur Lebenskraft. Dem Historiker David Hansen zufolge war es in der kolonialen Kunst des 19. Jahrhunderts der buschige Farn und nicht der dürre Eukalyptusbaum, der allgemein als Symbol für Australien benutzt wurde. Die Verwendung einheimischer Flora erstreckte sich später auch auf die Akazie und den Wartah – doch der Eukalyptus blieb immer der Liebling der Künstler.

Kurrajong-Baum und Felsfläche aus Eisenstein, Hamersley Gorge, Karijini-Nationalpark, WA

Dieser Kurrajong, ein einsames Zeichen von Vitalität in einer erschöpften Landschaft, gehört einer Familie an, die im nördlichen Australien weit verbreitet ist und zu der auch die Flaschenbäume zählen. Es sind laubwechselnde Bäume, die häufig an Felsabhängen anzutreffen sind und zwischen Oktober und Dezember blühen.

Eine Bande von Mulgas. Eine Schar Eukalyptusbäume. Ein Chor von Coolibahs. In Gruppen wirken Australiens Bäume manchmal wie menschliche Figuren in der Landschaft, denen nur die Fähigkeit zur Fortbewegung fehlt.

Mulga-Bäume und Wildblumen im Frühling. Ost-Pilbara, WA

Coolibah-Bäume. Fortescue Floodplain. Ost-Pilbara, WA

Rechts: Eukalyptusbäume und Rohrgras. Ost-Kimberley, WA

Das Rennen von FLEMINGTON

Der Melbourne Cup ist der australasiatische Nationalfeiertag, dessen Bedeutung man kaum überschätzen kann. Er stellt alle anderen Feier- und Festtage in den Schatten, gleich welcher Art, und egal, wo man sich befindet. Stellt er sie nur in den Schatten? Genausogut könnte man sagen, er löscht sie völlig aus. Jeder Feiertag wird gebührend begangen, aber nicht von allen; jeder erweckt Interesse, aber nicht das aller; jeder begeistert, aber nicht alle Menschen. Mit Ausnahme des Cup Day! Nur er allein versetzt die Nation in Hochstimmung. Der Cup Day überragt alles – er kennt keinen Rivalen. Nirgendwo auf der Welt ist mir ein Nationalfeiertag bekannt, den man mit diesem großen Wort bezeichnen könnte: überragend. Nirgendwo gibt es meines Wissens einen Jahrestag, dem so entgegengefiebert wird, der so große Vorfreude, soviel Vorbereitungen und Jubel auslöst.

Mark Twain, »Following the Equator«, 1897

Melbourne-Cup-Modenschau. Peter's Hotel, Springsure, QLD

Melbourne-Cup-Modenschau. Settlers Tavern, Margaret River, WA

Cup-Day-Buffet, Peter's Hotel, Springsure, QLD

Obwohl der erste Dienstag im November nur im Staat Victoria offizieller Feiertag ist, wird er in vielen anderen Teilen Australiens ebenfalls begeistert gefeiert. Während der etwa dreieinhalb Minuten, die das Rennen dauert, senkt sich Stille über die ganze Nation, doch auf dem Land wird oft der ganze Tag dieser einzigartigen Prozession von Pferden gewidmet. In Pubs und Clubs werden Mittagessen mit Verlosungen und Modenschauen angeboten; Bierdosen spritzen, und Satellitenempfänger knistern, wenn Menschen sich in Hütten, am Strand und auf Gehöften in den entlegensten Ecken des Landes versammeln. Überall spürt man die große Bedeutung des Ereignisses und erlebt Augenblicke, die mindestens so spannend sind wie das Rennen in Flemington (Melbourne) selbst.

Bill Bachman

Melbourne-Cup-Lotterie, Peter's Hotel, Springsure, QLD

Coke

Oben: Queen's Arms Hotel, Springsure, QLD

Während des Melbourne Cup sieht man Leute in Anzügen und schicken Hüten, aber auch solche, die, mit Shorts und Sandalen bekleidet, auf umgedrehten Milchkisten im Schatten einer Moretan-Bay-Fichte um ein Fernsehgerät herum sitzen. In diesem Augenblick sind mehr australische Fernseh- und Radiogeräte eingeschaltet als zu jeder anderen Zeit des Jahres. Alle Augen schauen gebannt auf den Melbourne-Cup in Flemington.

Links: Settlers Tavern, Margaret River, WA

Unten: Peter's Hotel. Springsure, QLD

Licht, das blendet

Bis auf die Morgen- und Abenddämmerung macht die Fülle von Licht das Land schier unsichtbar. Mittags zwingt es einen dazu, die Augen zu schließen. Der Planet knallt so unbarmherzig, das Licht ist so weiß, die Schatten sind so undurchdringlich schwarz, daß man das Gefühl hat, neutralisiert oder völlig geblendet zu werden. Der Himmel ist fast farblos – eine wogende Struktur von Hitzebändern.

Die Sonnenuntergänge sind brillant, und das frühe Abendlicht ist mild. Der wahre Genuß ist die Morgendämmerung, wenn das Land durch ein frisches Licht verändert wird und eine durchdringbare, lebende Bevölkerung von Schatten entsteht, in denen die Dinge untertauchen. Die abwärtsgerichteten Blätter des Eukalyptus haben jetzt einen frischen Glanz, und es ist eine Freundlichkeit, ja sogar ein gewisser Optimismus in dem Licht. Doch wie Randolph Stow in seinem Roman »Tourmaline« schreibt, ist es nicht dasselbe Land wie um fünf Uhr nachmittags. Das ist die schlimmste Zeit, wenn jeder Kieselstein grell leuchtet, die Augen blendet und den Atem zum Stocken bringt; die Zeit, wenn das Leben am schwersten zu verteidigen ist und nichts leichter scheint, als zu sterben, zu heißem Stein zu werden. Um fünf Uhr nachmittags gibt es nur eine Farbe: das brennende Ziegelrot.

Tim Winton

Eukalyptusbäume. Munjina Gorge, Karijini-Nationalpark, WA

Limpinwood Valley, im Nordosten von NSW

Frühmorgens erwacht eine winzige Siedlung, eingerahmt von grünen Hügeln, in der Nähe des Mt. Warning. Obwohl riesige Grundbesitze in Australien normal sind, eignen sich bestimmte Winkel des Landes eher für Farmen in bescheidenen Dimensionen. Doch die ländliche Idylle wird oft von einem Gefühl der Einsamkeit begleitet, der Gewißheit, daß gleich hinter der heimatlichen Scholle der grenzenlose Busch lauert. Das Gefühl, daß die Natur stärker ist als der Mensch, verläßt uns nie.

Farbe ist vom Licht abhängig. Mit ihm erst gelangt der Reichtum des Regenbogens zur Geltung. Wenn das Tageslicht sich entsprechend der Jahres- und Tageszeit und der natürlichen Filterung durch die Atmosphäre ändert, so wechseln auch die Farben. Wenn man dasselbe Landschaftsmotiv im Abstand von zwei Stunden fotografiert, erhält man eine Folge völlig unterschiedlicher Fotos. Auf jedem Bild variieren die Farben, die Schatten sind andere, und die Stimmung verändert sich.

Wildblumen im Frühling. Ost-Pilbara, WA. Spätnachmittag

Speergras-Savanne. Roper River, NT. Frühnachmittag

Eukalyptusbäume. Lawn-Hill-Nationalpark, QLD. Dämmerung

Das Farbschema der Natur in Australien ist Gold und Blau.

Arthur Streeton. Aus: William Moore, »The Story of Australian Art«, 1934

Eucalyptus terminalis in der Nähe von Halls Creek, WA

Die Schönheit des australischen Buschs ist umwerfend. Die gedämpften und harmonischen Töne der Landschaft und die unterschiedlichen, stillen Grautöne haben mich sehr berührt. Besonders beeindruckt hat mich die Tatsache, daß die Farbwerte sehr subtil sind, daß der Unterschied zwischen Vorder- und Mittelgrund recht gering ist im Vergleich zur englischen Landschaft. Überall, wohin das Auge blickt, findet es Landschaften wie Wandteppiche.

George W. Lambert. Aus: William Moore, »The Story of Australian Art«, 1934

Mit Spinifex bewachsener Abhang in der Nähe von Borroloola, NT

»Die Landschaft hier hat eine Unendlichkeit, hervorgerufen durch die Reinheit der Luft. Manchmal wurde behauptet, daß es an Farbe fehlt. Sie sticht zwar nicht so ins Auge wie das Grün Englands, dafür aber ist sie vom Ton her unendlich abwechslungsreicher und zarter. Die Landschaft hat einen rosafarbenen Mauveton, und die Reflexion der Sonne in den Teilchen der Atmosphäre bringt ein warmes Umbra hervor.«

Hans Heysen. Aus: William Moore, »The Story of Australian Art«, 1934

Mt. Sonder. Westliche MacDonnell Ranges, NT

Sandstein an der Küste. Gantheaume Point, Broome, WA

In Europa sind die Baumformen und Berge konzentrierter und dichter. Unsere Bäume sind im Vergleich vom Umriß her viel dünner, und die riesigen Weiten betonen ihre eigentümlichen Formen. Die vorherrschenden Farbnuancen des Buschs sind meiner Meinung nach Bronze, Grün, Ocker- und Brauntöne, die unserer Landschaft einen dunkleren Ton verleihen als in Europa. Man bezeichnet unser Land als neues Land, doch was den Landschaftsmaler beeindruckt, ist sein extremes Alter.

Elioth Gruner, zitiert in William Moore, »The Story of Australian Art«, 1934

Links: Schwemmland des Ord River, Lake Kununurra
Ost-Kimberley, WA

Rechts: Abhang, Munjina Gorge
Karijini-Nationalpark, WA

Faltblatt, umseitig: Weideland in der Nähe von Hamersley Gorge im Abendrot
Karijini-Nationalpark, WA

»Dies ist das australische Niemandsland, die Rückseite des Jenseitigen: hart, roh, kahl und glühend. Dennoch wirkt es keineswegs öde oder abschreckend, und seine Aquarellfarben wie Rosa und Umbra haben etwas betrügerisch Weiches an sich. Es ist eine heimtückische Wüste, die sich in den Hintergrund des australischen Lebens hineindrängt, selbst in das Leben des Fabrikarbeiters in einer Stadt im Süden. Ihre Gegenwart kann von den Bewohners des fruchtbaren Küstensaums nicht lange verdrängt werden. Sie färbt alle Folklore und die geliehene Mythologie der Aborigines …«

Robin Boyd, »The Australian Ugliness«, 1960

Ländlicher Pub. North Bourke, NSW

Das goldene Licht des Spätnachmittags verwandelt eine einfache, schäbige Fassade in eine auffallende Geometrie aus Farbe und Schatten.

Abendrot. King Sound, Derby, WA

Der Film sieht oft Dinge, die das menschliche Auge nicht sieht. Hier sind es Töne, wie man sie selten auf der Palette eines Malers findet.

Das einfache Leben

Warum erinnert der Anblick eines grauen Gesichts unter einem verschwitzten Akubra den Stadtbewohner Australiens an etwas tief in seinem Innern? Weil die Menschen des Outback die Hüter des nationalen Lebens sind, die Bewahrer der Flamme, die Bewohner. Für die meisten Städter verkörpern die Menschen hier draußen noch das einfache Leben.

Doch es ist nicht nur das Leben mit Schaf, Vieh und Lagerfeuern, das von Überschwemmung, Hunger und Buschfeuern geprägte Leben, das unsere europäischen Vorfahren gelebt haben, sondern auch das Leben, das bis vor zehn, fünfzehn Jahren noch unser eigenes war. Diese Menschen dort draußen in ihren Baumwollkleidern und Elastikshorts rauchen immer noch eine Packung pro Tag und saufen, als gäbe es kein Morgen. Sie hauen ihre Zähne in riesige Stücke roten Fleisches, servieren ganze Eimer Soße dazu und versäumen es dafür, Ballaststoffe zu sich zu nehmen. Sie haben keine Schuldgefühle, weil sie Tiere schlachten oder den Autolack verkratzen. Sie lassen sich nicht durch ein Stück Speck oder einen Aluminiumtopf durcheinanderbringen. Diese Leute tragen meistens keinen Fahrradhelm, ja nicht einmal Sicherheitsgurte im Auto. Es bedarf noch einiger Entwicklungszeit, bis sie mit dem Powerwalking beginnen oder sich öffentlich über ihre Sauberkeitserziehung als junge Fleischesser wundern. Die Flut der Angst hat sie noch nicht erreicht.

Natürlich sterben sie früher als wir, und es ist wahrscheinlich, daß sie eher pleite sind. Kein Politiker hört ihnen zu oder leiht ihnen etwas, aber sie sind immer noch zwischen dem »dreaming« und dem kalifornischen Traum verfangen. Sie leben das Leben, das auch das unsrige war, bevor es die Warnungen des Gesundheitsministeriums gab. Ja, sie haben es schwer, und ihr Dasein scheint uns so viel lebendiger und heldenhafter, weil wir uns noch selbst daran erinnern können.

Tim Winton

Wandmalerei an der Wand eines Supermarktes. Katherine, NT

Viehzusammentrieb. Maggieville Outstation, Gulf Savannah, in der Nähe von Normanton, QLD

Die Ernährung im Busch ist in der Regel nicht übermäßig gesundheitsbewußt, und so stehen Lebererkrankungen, Hautkrebs, Emphyseme und zuviel Cholesterin in der Liste der Krankheiten eines durchschnittlichen Viehtreibers ganz oben. Doch das sind keine unmittelbaren Gefahren, wenn man sie damit vergleicht, was einem bei der Arbeit in den Viehgehegen passieren kann. Zumindest kann man sich dort um tatsächlich sichtbare Dinge Sorgen machen.

Vieh wird zusammengetrieben. Alderley Station, Channel Country, QLD

»Dust in the wake of 'em: see the wild break of 'em!
Spear-horned and curly, red, spotted and starred:
See the lads bringing 'em, blocking 'em, ringing 'em,
Fetching 'em up to the wings of the yard!«

Barcroft H. T. Boake, »Twixt the Wings of the Yard«, 1897

Viehzusammentrieb. Napperby Station, im Südosten von Tanami, in der Nähe von Alice Springs, NT

Danny Tchooga, William Mandijarra, Nelson Skeen, Barney Rose und Peter Skeen.

Tanami Downs, NT

Diese Aborigines kamen aus Balgo im Westen, um eine Woche lang in Tanami Downs Vieh zu mustern und zu kennzeichnen. Wie man an den neuen Stiefeln, Hemden und Hüten sehen kann, betreiben einige von ihnen diese Arbeit nur als Gelegenheitsjob. Nach ein paar Tagen werden sie nicht mehr ganz so adrett aussehen.

Ein junger Stier wird bei den Hörnern gepackt. Tanami Downs, NT

Manchmal verblaßt die Romantik des Cowboy-Daseins ziemlich schnell, wenn richtige Arbeit geleistet werden muß. Der Vorarbeiter Charlie McAdam und Station-Boß Adam Parbury packen den Bullen bei den Hörnern, offenbar mit viel moralischer Unterstützung von den Seitenlinien, aber wenig wirklicher Hilfe.

Toyota-Dreaming, Tanami Downs, NT

Australien fehlen einheitliche und allgemein gültige Symbole, wie man das von einem entwickelten Land erwartet. Unsere Flagge gibt zu vielen Meinungsverschiedenheiten Anlaß, und unsere Nationalhymne ist eher ein Trauerlied als eine Hymne an die patriotische Freude. Dennoch gibt es stille Bilder, die uns mehr anrühren als jedes Lied oder Stück Stoff. Für die einen ist es der Anblick eines roten Riesenkänguruhs oder ein großer Fluß-Eukalyptus, der sich hoch in den Himmel erhebt. Für andere symbolisiert Australien nichts besser als ein Viehtreiber, ein Pferd und ein Toyota-Truck.

Viehmusterung. McArthur River Station, Gulf Savannah, NT

Es war ein langer Ritt bis zu diesem schlammigen Wasserloch. Die Kuh muß eben warten, bis die Pferde sich erfrischt haben.

Wandmalerei an der Straße. Marrabel, SA

»In ein- bis zweihundert Jahren wird der Australier immer noch mit dem Bewußtsein leben, daß er zu dem geheimnisvollen Halbwüstengebiet, wo die Menschen das Leben starker Männer leben müssen, gelangen wird, wenn er nur weit genug über die Berge und Ebenen zieht. Und das Leben dieses geheimnisvollen Landes wird die australische Phantasie so sehr stimulieren, wie das Leben auf dem Meer die Engländer angeregt hat.«

C. E.W. Bean, »The Dreadnought of the Darling«, 1911

Rechts: Charlie McAdam, Vorarbeiter. Tanami-Wüste, NT

Charlie McAdam, jetzt Ende Fünfzig, wurde in der Nähe von Halls Creek geboren und wuchs in Beagle Bay Mission nördlich von Broome auf. Mit 13 Jahren begann er, mit Vieh zu arbeiten, und reiste als Viehzüchter durch ganz Australien.

Noni Broome, Alderley Station,

in der Nähe von Boulia, West-QLD

Noni Broome arbeitet mit drei Männern auf einem 2 600 Quadratkilometer großen Besitz, auf dem es 26 000 Schafe und 3 500 Stück Vieh gibt. Hier gibt es keine geschlechtliche Diskriminierung oder Vorurteile gegen Frauen. Alles, was die Männer leisten, schafft sie auch.

Frauen haben in Australien seit jeher auf dem Land gearbeitet. Viele junge, alleinstehende Frauen fühlen sich von den Pferden, dem Vieh und der rauhen Anonymität angezogen. Andere heiraten einen Farmer und übernehmen eine Vielzahl von Verantwortungen, die oft größer sind als die der Männer, denn sie reichen vom Kinderkriegen, Buchhaltung und dem Umgang mit Geld, Gemeindearbeit, der Betreuung der Aborigines bis zum Kochen und Flaschenwaschen. In letzter Zeit wird viel über das Auftauchen eines »feministischen Bewußtseins« in verschiedenen Teilen des Buschs geredet. Selbst im unnachgiebigen Outback ist also Platz für neues Denken und Handeln.

Angela Matson, McArthur River Station

Golfregion, NT

Wir haben Angela Matson entdeckt, als sie nach einem Bad in Bessie Springs aus dem Wasser watete. Sie trug einen schwarzen Spitzenbody, der ihr recht gut stand. Etwa eine Stunde später traf ich die Siebzehnjährige beim Viehverladen wieder. Sie hatte über den Body eine schwarze Strumpfhose gezogen und ein Hemd. Zuvor hatte sie sich über die Hitze beklagt, und ich meinte, daß die schwarze Strumpfhose vielleicht nicht gerade hilfreich sei. Sie erwiderte, es sei ihre »Schutzkleidung«, wozu der Lastwagenfahrer, der aus seiner schattigen Kabine zuschaute, meinte: »Ja, als Schutz gegen die Jungs.«

»Alles, was in diesem Leben idyllisch scheint, ist schwierig – ein Windjammer, ein Genie, eine schöne Frau, Gold. Prosa und Dichtung haben das Leben des Viehtreibers glorifiziert. Es ist zweifelhaft, ob es auf Erden überhaupt eine noch härtere Arbeit gibt. Zwar hat sie etwas Poetisches, aber die Männer sind zu müde, um diese Poesie zu finden. An den langen, harten Tagen zahlen sie den Preis für die Inspiration des Dichters. Für sie bedeuten die immer gegenwärtigen Sterne einfach nur schlaflose Nächte.«

Ernestine Hill, »Overlands«, Walkabout, 1940

Trotz einer Pioniertradition, die der der Vereinigten Staaten ähnelt, fand der Begriff Cowboy in Australien eigentlich nie richtige Freunde. Eine der ersten Entsprechungen war »jackeroo«, ein Begriff, der – auf Frauen angewandt – später zu »jillaroo« wurde.
»Rouseabout« und »leatherneck« dienten als Bezeichnung für Farmarbeiter, die alle möglichen Arbeiten erledigten, und das Wort »ringer« wurde auch als Spitznahme für Viehtreiber benutzt.
Heute werden Helfer auf den Farmen entweder als »jackeroos« oder »ringers« bezeichnet, was davon abhängt, in welchem Landesteil man sich aufhält. Sie tun ihre Arbeit nicht aus Geldgründen, und die Arbeitszeit, der Schmutz und die Gefahr – nun…, das bringt das Territorium eben einfach mit sich. Sie sind äußerst mobil, ja fast schon nomadisch zu nennen. Manche gehen nach einiger Zeit im Busch zurück in die Städte, suchen sich einen richtigen Job und lassen sich dort nieder. Andere ziehen immer weiter von Ranch zu Ranch. Sie leben das ursprüngliche Leben und nähren die Legende.

Im Uhrzeigersinn von links:

Wandmalerei am Wegesrand. Marrabel, SA

Ned McCord. Bauhinia Downs, NT

Debbie Roberts. Napperby Station, NT

Jason Taylor. Ruby Plains, WA

Richard Oates. Napperby Station, NT

Martin (»Harry«) Fitzgerald. Napperby Station, NT

Alan Hetherton. Napperby Station, NT

Eine bunte Menagerie

Vielleicht ist es die Einsamkeit eines Tages am Steuer des Lastwagens oder die Nacht am Lagerfeuer, aber es gibt Zeiten, wo alles, was sich bewegt, komisch wirkt. Der Emu veranstaltet ein Wettrennen, das Känguruh regelt den Verkehr. Die Vögel haben sich herausgeputzt und kreischen wie Frauen. Die Ameisen scheinen einem Science-fiction-Roman entsprungen zu sein. Das Viehzeug hier scheint einen immer irgendwie anzustarren.

Tim Winton

Kuh in einem Heufeld in der Nähe von Birregurra, Western District, VIC

Rechts: Clydesdale-Pferd. Geralka Station, in der Nähe von Spalding, SA

Lamm auf einem Stoppelfeld in der Nähe von Parkes, NSW

Während der letzten 200 Jahre haben weiße Siedler in Australien eine Vielzahl an nicht einheimischen Tieren wie Rinder, Pferde, Ziegen, Kaninchen und Schafe eingeführt. Fast alle haben mit ihren harten Hufen den Boden verdorben und einheimische Arten ihres Lebensraumes beraubt. Was dies betrifft, hat selbst das unschuldige Lamm allerhand auf dem Kerbholz.

Australische Trappe auf einem Stoppelfeld in der Nähe von Emerald, QLD

Diese großen Vögel, die auch als Truthähne der Ebene bezeichnet werden, waren einst in ganz Australien auf dem freien Land anzutreffen. Früher konnte man die Trappe noch in Schwärmen mit über hundert Vögeln antreffen, heute sieht man sie nur noch selten. Veränderungen ihres Lebensraums durch Abweiden, Raubzüge von Füchsen und die weitverbreitete illegale Jagd haben zu ihrem Niedergang beigetragen.

Rosakakadu. Eyre-Halbinsel, SA

Rosakakadus, die man in den meisten Teilen Australiens antrifft, sind ein fast alltäglicher Anblick. Es sind gierige Vögel, die bei der Futtersuche oft in Schwärmen von bis zu tausend Tieren auftreten, so daß sie bei Getreidefarmern dementsprechend verhaßt sind. Als geschickte Akrobaten und ausdauernde Flieger können sie bei Geschwindigkeiten bis zu 50 km/h lange Strecken zurücklegen.

Rotschopftaube. Hamersley Ranges, WA

Rotschopftauben zählen zu den wenigen Vogelarten, die das trockene Grasland von Nord- und Zentralaustralien das ganze Jahr über bewohnen. Die rotbrüstige Art hier lebt in den steinigen Bergketten der westaustralischen Pilbara. Sie sind auf die seltenen Regenfälle angewiesen, die die Wasserlöcher wieder füllen und die Samenpflanzen zum Wachsen bringen, von denen sich diese Vögel ernähren. Eine raffinierte Tarnung ermöglicht es ihnen, mit der ockerfarbenen Landschaft eins zu werden.

Rosafarbener Kakadu. Große Australische Bucht, WA

Auf seiner Reise in das Landesinnere von Neusüdwales im Jahr 1835 beschrieb Major Sir Thomas Mitchell begeistert diesen leicht hysterisch wirkenden Vogel, der für sein elegantes Federkleid, seine heisere Stimme und sein ungezogenes Verhalten bekannt ist. »Major Mitchells«, die in den trockenen Gebieten im Landesinnern leben, trifft man meistens in Paaren oder kleinen Gruppen an, doch das Exemplar auf diesem Foto gehört zu einem großen Schwarm, der an der Telegrafenstation Old Eyre beheimatet ist.

Regenbogenspinte. Ost-Kimberley, WA

Dieses Quintett von Regenbogenspinten ist in der kühlen Morgenluft zusammengerückt und teilt sich in seinem Winterhauptquartier vor Fitzroy Crossing einen Zweig. Die ebenfalls weitverbreiteten Spinte besitzen einen ausgeprägten Gemeinschaftssinn. Sie sind vollendete Flugkünstler, die ihre Nahrung im Flug fangen und sich hauptsächlich von Wespen, Bienen und anderen Fluginsekten ernähren – bis zu 100 Stück an einem guten Tag.

Oben: Wandmalerei auf einem Campingplatz. Walpole Inlet, im Südwesten von WA

Die 12 500 km lange Küste Westaustraliens hat eine Vielzahl von Fischarten aufzuweisen, von denen der pensionierte Schildermaler Fred Watson zwei Dutzend auf einer Wandverkleidung verewigt hat.

Design © Fred Watson, 1991

Kunstprojekt einer Gemeinde, Wandmalerei. Broken Hill, NSW

Die erste Beschreibung eines Känguruhs findet sich im Tagebuch von Kapitän James Cook aus dem Jahr 1770: »…einer der Männer entdeckte ein Tier, das etwas kleiner als ein Windhund war, von mausgrauer Farbe, sehr schlank und schnell.«
Es gibt 62 Känguruh-Arten und Artverwandte. Man trifft sie überall in Australien bis auf die Gebiete oberhalb der Schneegrenze an. Es ist die einzige große Säugetierart, die sich hüpfend fortbewegt. Wenn sie verfolgt werden, erreichen sie Geschwindigkeiten von über 60 km/h.

Design © Clark Barrett, 1984

Krokodil beim Angriff, Cable Beach, Broome, WA

Wunder im Sonderangebot

Die Wüste ist ein Alptraum, eine riesige Abstraktion, ein Ort der Geister. Ein Pilgerort, ein Ort für Visionen und häufiger noch ein Platz zum Sterben. Für diejenigen, die in der Wüste gelebt haben, ist sie eine akzeptierte Tatsache, für den Neuling dagegen stellt ein Ort ohne Menschen ein Problem dar. Weit weg von der Sicherheit der Zivilisation ist die Ebene gleichermaßen ein Beweis für eine göttliche Gegenwart wie ein Hinweis auf ihre Abwesenheit. Gerade noch getröstet, wird man im nächsten Augenblick zu Tode erschreckt. Vielleicht ist die Wüste eine große Metapher für Gott. Im Outback ist die Religion in ihren vielen Formen gleichermaßen bestimmt und ambivalent, aus den Gedanken verbannt und nie verstanden. Hier draußen ist jeder Langweiler eine Oase, ein Wunder im Sonderangebot.

Tim Winton

Spinifex auf steiniger Ebene in der Nähe von Balgo Hills. West-Tanami, WA

»Die seltsame Schönheit Australiens ist vorhanden, scheint sich jedoch hinter der Reichweite unseres weißen Vorstellungsvermögens zu verstecken. Es ist, als ob das Auge nicht die Sehkraft hätte, um der Landschaft draußen gerecht zu werden. Denn die Landschaft gleicht einem dunklen Gesicht mit wenigen Merkmalen. Sie ist urzeitlich und entzieht sich unserer Kenntnis.«

D. H. Lawrence, »Kangaroo«, 1923

Flut-Creeks in der Nähe von Derby, West-Kimberley, WA

Tanzende Warlpiri-Frauen. Lajamanu, Nord-Tanami, NT

Auch bei modernen Anlässen – hier ist es eine Fußballveranstaltung – stehen bei den Aborigines die Rituale immer im Mittelpunkt. Zeremonielle Tänze, die von Generation zu Generation weitergegeben werden, helfen, die Stammeskultur zu bewahren. Die Malerei auf dem Körper dieser Frau aus der Wüste wird als »yawulu« bezeichnet und besteht aus sehr individuellen Totem-Mustern, die von den Vorfahren vererbt wurden.

Für die Aborigines Australiens ist das Land greifbare Wirklichkeit. Natur ist Leben und keine Kulisse, sie ist die Quelle und Inspiration ihrer geistigen und materiellen Kultur. Zum einen enthalten ihre Gemälde Geschichten, die in der »dreaming«-Mythologie verwurzelt sind. Zum anderen handelt es sich um stilisierte Navigationshilfen zu Nahrungsquellen oder um spirituelle Landkarten, die sich auf heilige Stätten beziehen. Immer jedoch drücken sie die Wirkung des Landes auf ihre eigene Psyche aus.

Willie Gudipi. Im Südosten von Arnhemland, NT

In seinem Haus am Roper River sitzt der Stammesälteste vor einem Gemälde, an dem er gerade arbeitet. Das dürftige Innere vieler Häuser der Aborigines steht im Kontrast zum Reichtum ihrer Kunst.

Känguruh/Dingo-Dreaming. Napperby Station, NT

Der Anmatyere-Künstler Morris Wako zeigt ein Gemälde, das die Geschichte des Jambijimba/Jungala-Stammes-»dreaming« erzählt und sich auf das Land westlich von Yuendemu bezieht. Der mittlere Teil stellt Sandberge dar, die äußeren konzentrischen Kreise sind Wasserlöcher, die durch unterirdische Kanäle miteinander verbunden sind.

Kircheninneres. Marble Bar, Ost-Pilbara, WA

Das goldene Morgenlicht heiligt eine verlassene katholische Kirche in einer entlegenen Bergarbeiterstadt im Nordwesten.

Leichardt River. Gulf Savannah, Nordwest-QLD

Wie ein göttlicher Kompaß bietet ein rätselhaftes Straßenschild Pilgern, die von Burketown nach Normanton unterwegs sind, Ermutigung.

Multiple-choice-Ladenfront. Cloncurry, Nordwest-QLD

Gavin Cowlan. Doctors Creek, in der Nähe von Derby, West-Kimberley, WA

Menschenfischer oder nur einfacher Fischer? Gavin Cowlan wird sicher sagen, daß er kein Busch-Messias ist, aber seine Worte stehen für eine Meinung, die in den ländlichen Gebieten Australiens weit verbreitet ist: »Das echte Australien sind die Städte. Darum geht's doch in Australien heute. Wir hier draußen sind alle vergessen. Manchmal hat man das Gefühl, daß wir gar nicht dazugehören.«

Drei bekannte Schriftsteller – eine Besucherin aus dem Ausland, eine in England geborene Naturforscherin, die 1839 nach Australien emigrierte, und ein erfahrener Buschmann – haben gegensätzliche Ansichten über die große australische Leere.

Vieh in Bore, Channel Country in der Nähe von Boulia, West-QLD

»Als ich durch diese enormen Weiten flachen Weidelands fuhr, erkannte ich, wie schrecklich dies war – wie leicht man im Busch verlorengehen kann. Die Sonne stand so hoch, daß man keine Vorstellung hatte, wo Norden, Süden, Osten oder Westen war.«

Agatha Christie, 1922

Verlassene Hütte in der Nähe von Marree, SA

»In England pflanzen wir Gehölze und Wälder, weil uns unsere Landhäuser sonst unvollständig vorkämen. In Australien trifft genau das Gegenteil zu: Wenn ein Siedler nicht ein kahles und schattenloses Stück Land vor sich hat, hält er seine Wohnung für wild und unzivilisiert.«

Louisa Ann Meredith, »Notes and Sketches of New South Wales«, 1844

Brahmanen-Bulle. Barkly Tableland, NT

»Diese weiten und offenen Landschaften ängstigen manche Menschen; sie fühlen sich ohne Orientierungspunkte um sie herum verlassen und hilflos. Andere können das Gefühl von Freiheit, das man beim Anblick des Horizonts haben kann, niemals finden, wo Vorstadthäuser eng beieinander stehen.«

George Farwell, »Vanishing Australians«, 1961

Der endlose Kreislauf

Im ländlichen Australien, dem alten Königreich von Bankrott und Boom, ist der Tod immer vorhanden. Das Land wird von der Natur genauso oft verwüstet wie instand gesetzt, und Naturkatastrophen sind Zeitzeichen, nach denen Menschen ihr Leben messen – die Überschwemmung von '46, das Feuer von '59, die Dürre von..., der Orkan von... Doch in der Landschaft kann man derartige Umbrüche übersehen. Der Busch erholt sich vom Feuer; Überschwemmungen gehen zurück und lassen eine seltene Tapete mit Wüstenblumen zurück. Die Mechanismen der Wiederauferstehung sind immer vorhanden.

Die Kinder auf den Farmen gehen mit dem Tod nüchtern um. Sie sind daran gewöhnt, daß immer geschlachtet werden muß, bevor es etwas zu essen gibt. Schließlich gibt es noch andere Kühe, mehr Schafe und Känguruhs. Sie sehen, wie sie geboren werden, und sie erlernen die unsentimentale Lebensart ihrer Väter. Doch ein menschlicher Verlust bleibt immer ungemildert. Die Australier auf dem Land sind zwar stoisch, aber sie geben dem Tod, was ihm gebührt. Ganze Gemeinden trauern noch mit Totenwachen und Prozessionen um ihre Toten. Sie reden in Generationen und betrachten Leben und Tod als Ordnung, die sie aus der übrigen Natur kennen. Doch nur selten äußern sich die Gläubigen – und noch seltener die Optimisten hier draußen – zur Wiederauferstehung.

Tim Winton

Große grüne Katzenschwänze und Termitenhügel. Rabbit Flat, NT

Termitenhügel auf Blacksoil-Ebenen. Barkly Tableland, NT

Ein Friedhof aus lebendigen Grabmälern zieht sich über das verbrannte Weideland nördlich von Brunette Downs. In einer Arena, in der Urkräfte herrschen, segnet und verdammt die Sonne, doch nur der Regen bringt Wiederauferstehung. Wenn er schließlich kommt, ist die entstandene Pracht nur von kurzer Dauer.

Eukalyptusbäume auf einer rotgrauen Ebene – ein krasser Gegensatz zu den umgeknickten Bäumen, die in einem Meer aus Bergwerksabfall schwimmen.

Spinifex-Ebenen in der Nähe von Halls Creek, Ost-Kimberley, WA

Ausfluß von Erzabfällen. Argyle Diamond Mine, Ost-Kimberley, WA

Küstendünen nach einem Buschfeuer, Coffin-Bay-Nationalpark, SA

Im endlosen Kreislauf des Buschs folgt das Leben auf den Tod. In der südwestlichen Ecke der Eyre-Halbinsel erholt sich die niedergebrannte Vegetation von einer Feuersbrunst. Weiter westlich gedeihen Grasbäume, wo ein Jahr zuvor ein Feuer die Keimung der Samen in den Dünen ausgelöst hat.

Neues Wachstum nach einem Buschfeuer.

Point D'Entrecasteaux, im Südwesten von WA

Der Tod im Busch zeigt selten Würde. Lebewesen kommen und gehen, und ihre Leichen bleiben unbeachtet und über das ganze Land verstreut liegen. So einfach ist das. Um so mehr bewegt es einen, wenn die letzte Ruhestätte eines toten Tieres wilde Blumen schmücken und ein mumifizierter Fuchs in einem goldenen Lichtstrahl gebadet wird – ein zufälliger Augenblick der Ehrung der Gefallenen.

Kuhkadaver. Roy Hill Station, Ost-Pilbara, WA

Fuchskadaver in Wollschuppen. Middleback Station, Eyre-Halbinsel, SA

Sterbende Kuh. Moroak Station, Roper River, NT

Man nimmt kaum mehr ein Lebenszeichen wahr. Eine Kuh leistet ihrer sterbenden Gefährtin den letzten Beistand, der fünfjährige Joey MacFarlane sieht schweigend zu.

Ein Schaf wird geschlachtet.

Middleback Station,

Eyre-Halbinsel, SA

Die traditionelle Rangerphilosophie besagt, daß man nichts verschwenden soll. Andrew Nicolson beherzigt dieses Gebot und zerlegt ein Schaf für ein Grillfest am Wochenende, während seine Töchter Madeleine und Lucy auf dem Rinnsal aus warmem Blut Eukalyptusblätter hinuntersegeln lassen.

ALICE

Friedhof im Leprosorium von Derby, West-Kimberley, WA

Das Leprosorium wurde 1936 eröffnet und sollte die Ausbreitung der Krankheit unter den Aborigines eindämmen. Die ehemals selbständige Gemeinde mit gemischter Bevölkerung wurde vor kurzem aufgegeben und wird zu einem Lernzentrum für Aborigines umgestaltet. Der Friedhof beherbergt Hunderte namenloser Gräber.

Links: Alter Friedholf. Marble Bar, Ost-Pilbara, WA

Einige der Gräber auf dem alten Friedhof von Marble Bar sind mit Eisenketten versehen und markieren die Grabstätten von afghanischen Kameltreibern, die Wolle und Nachschub für die Bergwerke transportierten. Die Ketten gehörten zu dem Geschirr der Kamelkarawanen.

Am Rand der ungastlichsten Gebiete findet man oft die schönsten und ungewöhnlichsten Dinge.

Winziger Portulak, »Parakeelya«. Tanami-Wüste, NT

»An den Rändern von Lehmpfannen, wo der Mutterboden weggewaschen wurde, leben wachsartige Sukkulenten mit rosa- und lilafarbenen Blüten. Sie breiten sich wie Farbspritzer in immer größeren Kreisen auf dem Boden aus.«

Jill Ker Conway, »The Road to Coorain«, 1989

Mary Watson auf Errabiddy Outstation

Wooleen, Murchison-Distrikt, WA

Mary Watson wurde 1903 geboren und wuchs in Midland Junction, einem Vorort von Perth, auf. Sie hatte ihren Heimatort nie verlassen, bis sie mit 18 Jahren einen Burschen heiratete, damals Koch bei einem großen Viehzuchtbetrieb im Murchison-Distrikt. James, ihr zukünftiger Mann, erklärte ihr, daß sie dort einen guten Hut brauchen würde, doch das war auch schon die einzige Information, die sie bis zu ihrer Ankunft in Wooleen erhielt. James und Mary wurden bald zu einer einsamen Outstation geschickt, die etwa 30 km von dem Gehöft entfernt war. Dort lebten sie zwei Jahre lang, in denen sie zwei Söhne zur Welt brachte. Ein Kind starb im Säuglingsalter und wurde auf einem Hügel in der Nähe des Gehöfts begraben.

Aufgrund von Komplikationen, die sich nach der Geburt einstellten, verließ Mary Wooleen, nachdem sie das Baby verloren hatte, und sah seine Grabstätte nie wieder. Im Oktober 1991 kehrte Mary nach 65 Jahren nach Wooleen zurück, um das Grab ihres Kindes zu besuchen.

Auf dem Foto sehen wir sie am Standort der alten Hütte, die 1960 abgerissen wurde, weil man Baumaterial brauchte. Die Kurrajong-Bäume im Hintergrund sind aus den Samen gewachsen, die ihr Mann dort Anfang der zwanziger Jahre gepflanzt hat. »Ich habe diesen Ort sehr vermißt, nachdem ich weggezogen war«, erzählt sie. »Es ist ein wunderbares Gefühl, wieder hier zu sein. Ich hätte nie geglaubt, daß aus meiner Vergangenheit noch etwas vorhanden ist.«

Epilog

Boab-Bäume und Termitenhügel in der Nähe von Derby, WA

»Und die Sonne ging wieder über dem australischen Busch unter – dem Lehrer exzentrischer Geister, der Heimat des Sonderbaren und vieler Dinge, die anders sind als in den übrigen Ländern.«

Henry Lawson, »The Bush Untertaker«, Short Stories in Prose und Verse, 1894

Literaturhinweise

Die Zitate in diesem Buch stammen zum großen Teil aus folgenden Büchern:

The Dictionary of Australian Quotations
herausgegeben von Stephen Murray-Smith, Heinemann Publishers, 1984

Australia Brought to Book. Responses to Australia by Visiting Writers, 1836-1939, gesammelt und herausgegeben von Kaye Harman, Boobook Publications, 1985

Andere wichtige Quellen für Informationen, Ideen und Inspiration waren – in zufälliger Reihenfolge –:

The Australians
Robert B. Goodman und George Johnston, Rigby Ltd., 1966

Reader's Digest Illustrated Guide to Australian Places
Reader's Digest, Australia, Pty Ltd., 1993

The Face of Australia: The Land & The People. The Past & The Present
David Hansen, Australian Bicentennial Authority, 1988

The Voyage of the Great Southern Ark
Reg and Maggie Morrison, Lansdowne Press, 1988

Vanishing Australians
George Farwell, Rigby Ltd., 1961

Australian Landscapes
George Farwell, Walkabout Pocketbooks, 1969

The Outside Track
George Farwell, Melbourne University Press, 1951

The Australian Legend
Russel Ward, Oxford University Press, 1965

The Australian Ugliness
Robin Boyd, Penguin Books, 1963

The Australian Language
Sidney J. Baker, Angus & Robertson, 1945

Walkabout's Australia
Herausgeber A. T. Bolton, Walkabout Pocketbooks, 1968

There's A Track Winding Back: Rediscovering Australia
Phil Jarratt, Pan Macmillan, 1990

Australiens Outback. Per Autostopp durchs Landesinnere
Tony Horwitz, Frederking & Thaler, München, 1991

Road to the Murchison: An Illustrated Story of the District and Its People
Marion Nixon und R. F. B. LeFroy, Shire of Murchison

Life in Australia
Herausgeber: Craig McGregor und David Beal, Southern Cross International, 1968

Outback
Thomas Keneally. Coronet, 1984

My Australia
Hal Missingham, Collins, 1969

North of the 26th: Writings, Paintings, Drawings, and Photographs from the Kimberley, Pilbara and Gascoyne Regions
Herausgeberin: Helen Weller, Reeve Books, 1989

Australian Walkabout
Herausgeber: Brian McArdle and Peter Fenton, Lansdowne, 1968

Australia as Human Setting
Herausgeber: Amos Rapoport, Angus & Robertson, 1972

Journey among Men
Jock Marshall und Russell Drysdale, Hodder & Stoughton, 1962

Kimberley: Dreaming to Diamonds
Hugh Edwards, 1991

The Road from Coorain: An Australian Memoir
Jill Ker Conway, Mandarin, 1990

»Bush Culture«, The Bulletin
26. Januar/2. Februar 1993, Sonderausgabe zum Australientag

»The Great Empty«, Conde Nast Traveler
September 1990

Plants of the Kimberley Region of Western Australia
R. J. Petheram and B. Kok, University of Western Australia Press, 1983

Reader's Digest Complete Book of Australian Birds
Reader's Digest, 1986

Key Guide to Australian Trees
Leonard Cronin, Reed Books, 1988

The Centre: The Natural History of Australia's Desert Regions
Penny van Oosterzee, Reed Books, 1991

A Field Guide to Australian Trees
Ivan Holliday and Ron Hill, Rigby, 1984

Wildflowers & Plants of Central Australia
Anne Urban, Southbank Editions, 1990

Der Autor dankt folgenden Personen und Organisationen für die Abdruckgenehmigung:

Seite 6: Gedicht aus »The Heartland« von Mike McClellan © The McClellan Consultancy Pty Ltd, 1989
Seite 51: Wandmalerei, Coles Supermarket, Alice Springs,
Entwurf von Bob und Kaye Kessing © The Araluen Centre for Arts and Entertainment
Seite 85: Gemälde »Blut aus Gestein« © Helen Norton, 1991, mit Genehmigung der Künstlerin
Seite 127: Foto eines Mädchens der Aborigines © Australian Geographic, 1993
Seite 227: Gemälde »Gabal-Ritual« © Willie Gudipi, 1990,
mit Genehmigung der Alcaston House Gallery, Melbourne
Seite 227: Gemälde »Känguruh/Dingo-Dreaming« © Morris Wako, 1992,
mit Genehmigung der Napperby Artists, über Alice Springs, NT

Danksagung

Ich bin immer wieder von der gestochenen Schärfe eines Dias wie von der Tatsache überrascht, daß mir dieses Ausdrucksmittel zur Verfügung steht, um meine Sichtweise der Welt festzuhalten.

Was die Kameras angeht, so ist dies einerseits auf hervorragendes Design und geniale Konstruktion zurückzuführen und andererseits auf eine erstklassige fachmännische Wartung.

Mein besonderer Dank gebührt daher Richard Broadbent, Marco Zeilinger und allen Mitarbeitern der Photographic Service Division in der Melbourner Niederlassung von Canon Australia. Die Jungs dort können sogar per Ferndiagnose Dinge reparieren, wie ich eines Tages feststellte, als der Verschluß klemmte. Ich rief Marco von meinem Flying Doctor Radio mitten aus der Tanami-Wüste an. »Okay, sehen Sie den kleinen Hebel neben dem Spiegel?« fragte er. Es war wohl ähnlich wie Geburtshilfe per Telefon, aber ich tat, was man mir sagte, und es funktionierte.

Dank auch an Bob Pattie von Rudolph Gunz (Photographic) Pty Ltd., der sich um meine Bronica- und Widelux-Ausrüstung kümmerte, wenn dort irgend etwas nicht stimmte.

Paul Thomson, National Marketing Manager für professionelle Fotoprodukte von Fuji bei Hanimex Pty Ltd., bin ich zu besonderem Dank verpflichtet. Er glaubte an dieses Projekt und hat mich die ganze Zeit über unterstützt. Mein Dank geht auch an Gordon Graham und Mel Forbes von Kodak Australasia und Norbert Herrmann von Agfa-Gevaert.

Für die genaue und fehlerlose Entwicklung meiner Filme geht mein Dank an Latrobe Colourlab und The Colour Factory, beide in Melbourne ansässig, und an das Kuriernetz Skyroad Express.

Für die Hilfe während der Produktion dieses Buches danke ich Mark Thomson und den Mitarbeitern der Bond Colour Laboratories in Melbourne.

Howard Whelan and Tony Gordon von der Zeitschrift »Australian Geographic« und Tom Duggan, Herausgeber der Zeitschrift »Qantas Airways« von 1988 bis 1993, gaben mir die Möglichkeit, Orte aufzusuchen, die ich normalerweise nicht gesehen hätte. Dafür danke ich ihnen.

Alles Liebe und vielen Dank an Jacqui Mott, 1987, Leanne Temme und Ian McDonald, 1990/1991, die sich während meiner langen Abwesenheit um Haus und Geschäft kümmerten. Für das Aufpassen auf den Hund vielen Dank an Jacqui sowie Christine und Rob Sewell und Andy, Suzy, John und Chris Speirs.

Besonderer Dank gebührt Di und Daphne Calder, Alice Springs; David Thomae, Cairns; Ian Crimp, Derby; Phil und Jackie Jarratt, Cooroy; und Lyn und Richard Woldendorp, Perth. Sie alle gewährten uns ein Dach über dem Kopf und hin und wieder eine Andeutung von »normalem Leben«, wenn es an der Zeit war, Filme zu beschriften.

Für mich ist dieses Buch nicht so sehr eine Sammlung von Bildern, sondern vielmehr von Erfahrungen. Glücklicherweise hatte ich jemanden, mit dem ich sie teilen konnte, nämlich meine Frau Sally, die viel zu diesem Buch beigetragen hat. Ihr aufmerksames Auge, ihr unbeschwerter Umgang mit Menschen, ihre Liebe zu dem Land, ihre Geduld, ihre Anpassungsfähigkeit und ihr Geschick beim Kochen sind nur einige ihrer Qualitäten. Ich würde überall mit ihr hinreisen. Ob dies umgekehrt auch zutrifft, werden wir sehen.

Schließlich möchte ich noch anmerken, daß alles, was man über die Freundlichkeit gegenüber Fremden hört, den Tatsachen entspricht. Auf unseren Reisen trafen wir so viele Menschen, die uns in verschiedenen schwierigen Situationen halfen, daß ich ihre Namen gar nicht alle aufführen kann. Sie haben uns für ein paar Stunden, einen Tag, bisweilen sogar für ein, zwei Wochen Einblick in ihr Leben gewährt.

Glücklicherweise sind einige dieser weit entfernten Menschen zu Freunden oder zumindest Brieffreunden geworden, und vielen anderen begegnen wir ständig in meinen Büchern und Tagebüchern. Wir erinnern uns gerne an sie. Ohne sie wären unsere Reisen viel uninteressanter gewesen, und dieses Buch wäre sicherlich nicht entstanden.

Bill Bachman

Zur Foto-Ausrüstung

»Entwickeln Sie Ihre Filme selbst?« ist die häufigste Frage, die mir als Fotograf gestellt wird. Ehrlich gesagt, habe ich nie verstanden, wie jemand auf diese Idee kommen kann. Wahrscheinlich gibt es immer noch Menschen, die glauben, daß Fotografen auch heute noch mit einem schwarzen Samtzelt und einer Kiste voller Chemikalien herumreisen, wie es im letzten Jahrhundert der Fall war.

Ein festes Stativ ist besonders nützlich, wenn man lange Objektive verwendet oder kleinere Motive aus der Nähe fotografiert.

Die zweithäufigste Frage betrifft die verwendete Kamera. Viele Fotografen tun diese Frage ab, als sei sie ohne jede Bedeutung. Doch ich verrate Ihnen ein Geheimnis: Jeder Profi, der behauptet, er sei nicht an seiner Ausrüstung interessiert, lügt. Vielleicht ist es ihm gleichgültig, was andere verwenden, vielleicht interessiert er sich auch nicht für Kameras im allgemeinen. Doch die Beziehung eines Fotografen zu seiner Kamera ist von ähnlich großer Bedeutung wie die eines Viehtreibers zu seinem Pferd.

Seit fast zehn Jahren verwende ich 35-mm-Kameras und Linsen von Canon. Seit 1987 besteht meine Reiseausrüstung aus drei T90-Gehäusen (eins ist mit einem programmierbaren Command Back ausgerüstet, so daß ich nachts lange Belichtungszeiten einstellen kann, ohne um drei Uhr morgens aufstehen zu müssen, und FD-Linsen von Canon von 17 bis 500 mm. Die T90 ist meiner Meinung nach eine der besten Spiegelreflex-

Ein verläßliches Gefährt ist bei jeder langen Fotosafari von größer Bedeutung…

…obwohl es alternative Transportmöglichkeiten gibt.

Kameras, die je hergestellt wurden. Sie ist kompakt, leicht, einfach zu handhaben und hat einen schnellen Transportmotor – alles wichtige Merkmale, wenn man unterwegs ist. Ich kann eine T90, vier Linsen und einen Lichtmesser in einer kleinen Gürteltasche unterbringen, so daß ich die Hände frei habe, um Windmühlen zu besteigen und mich auf der Ladefläche von schnellen Trucks festzuhalten. Sie kam 1986 auf den Markt, wird aber nicht mehr hergestellt, da sie Canons hochmoderne EOS-Autofokus-Serie seither ersetzt.

Wenn möglich, arbeite ich bei Landschaften und anderen Außenaufnahmen mit vielen Einzelheiten

Die Kommunikation mit zu Hause ist wichtig, wenn man mehrere Monate hintereinander nicht im Büro ist.

gerne mit einem Format, das etwas größer als 35 mm ist. Seit Mitte der siebziger Jahre habe ich Bronicas ETR-System eingesetzt, das eine großartige optische Ausrüstung hat und auswechselbare

Fitneß ist auf Reisen ebenfalls wichtig. Aerobic im Doppel ist eine der vielen Möglichkeiten unter freiem Himmel.

Filmgehäuse. Meine aktuelle Kamera ist eine ETRsi mit 40-, 50-, 75- und 150-mm-Zenzanon-Linsen und sowohl 120- und 35-mm-Panoramafilmgehäusen von 6 x 4,5 cm. Außerdem besitze ich eine Art Panorama-Kamera mit einer 90-mm-f4,5-Linse von Nikon. Sie ist für 120er-Filme ausgerichtet und ergibt sechs 6x12-cm-Aufnahmen oder vier 6x17-cm-Aufnahmen pro Film. Aufgrund ihres Gewichts und ihrer Unhandlichkeit ist sie definitiv eine Kamera fürs Stativ, aber die Mühe lohnt sich. Für schnelle, sehr breite Panorama-Arbeiten verwende ich eine 35-mm-Widelux-Kamera, die einen Bildwinkel von 140 Grad hat. Das wahrscheinlich wichtigste Ausrüstungsstück für einen reisenden Fotografen ist ein gutes Stativ. Meines ist ein Manfrotto, Modell 055 mit einem Cambo-CBH3-Kugelkopf, eine ausgesprochen langlebige Kombination. Genauso wichtig ist der Standort für besagtes Stativ. Sehr häufig war mein Toyota-LandCruiser meilenweit der einzige Ort, der einem Berg nahekam, und ich war dankbar dafür, daß ich ihn mit einem schweren Dachgepäckträger aus Stahl und mit einer Holzplatte ausgerüstet hatte, von der aus ich die Landschaft von oben aufnehmen konnte.

Einige Aufnahmen in diesem Buch wurden mit professionellen Diafilmen von Kodak und Agfa aufgenommen, doch für die Mehrzahl habe ich 35-mm- und 120-mm-Fujichrome Professional verwendet. Unterwegs lege ich in eine T90 normalerweise einen Fujichrome RDP100 und in eine zweite einen Fuji RVP 50 (Velvia) ein, während die dritte Kamera leer bleibt. Ähnlich verfahre ich bei meinen ETR-Kameras: In die eine lege ich einen Fuji 100 und in die zweite einen Velvia ein; die dritte bleibt leer. In die Panoramakamera lege ich einen Velvia-Film ein. Mit Fuji Velvia kann man ungeheuer scharfe Aufnahmen machen und erhält warme, lebendige Farben. Mit 40 ISO ist dies mein bevorzugter Film für Landschaften und andere Außenaufnahmen. Für Porträts und bei Bewegungen oder wenig Licht bevorzuge ich Fujichrome 100.

Der Transport dieser umfangreichen Ausrüstung

Weil man im Outback ständig mit dem Unerwarteten rechnen muß, sollte man eine gewisse Flexibilität besitzen.

Das Heim auf Reisen – eine Herdplatte oder eine Doppelmatratze mit allem Komfort, ein Dach über dem Kopf oder einfach ein Netz, das Käfer fernhält. Am wichtigsten jedoch ist eine gute Leselampe, wenn die Sonne untergegangen ist.

verursacht einige Probleme, wobei das geringste darin besteht, sie so im Wagen unterzubringen, daß noch genug Platz für sich selbst, die Ehefrau und Nebensächlichkeiten wie Nahrungsmittel, Wasser, Bettzeug und Lesematerial vorhanden ist. Letzteres Problem lösten wir, indem wir einen Wohnwagenanhänger kauften, so daß im Wagen genügend Platz für die Fotoausrüstung war. Dort, wo sich normalerweise die hintere Sitzbank befindet, bewahrte ich auf einer Plattform meine gesamte Kameraausrüstung und einen 12-Volt-Engel-Kühlschrank von 40 Litern Größe auf, der vorwiegend für die Filme reserviert war. Mein Stativ hängte ich in zwei Schlaufen, die an den Kopfstützen befestigt waren, hinter dem Vordersitz auf.

Der Schutz vor Staub bestand zum Teil in seiner Verhütung (Schließen der Fenster und Reißverschlußtaschen) und zum Teil in einer Preßluftbehandlung mit einer 1,3-Kubikmeter-Flasche. Alle zwei Wochen öffnete ich alle Türen, wenn wir guten Seitenwind hatten, und blies alles ab – Kameras, Sitzbezüge, das Wageninnere, den Kassettenrekorder. Normalerweise machte ich zwischen dem Beschriften der Aufnahmen vier bis sechs Wochen lang Aufnahmen und sammelte auf diese Weise 100 bis 300 Filme an, bevor ich alles zum Entwickeln nach Melbourne schickte. Während ich auf die Rücksendung der Filme wartete und mich fragte, ob alles in Ordnung sein würde, stand ich meine größten Ängste durch.

Zum Beschriften führten wir einen kleinen Lichtkasten, einen Laptop, einen Drucker für die Bildetiketten und ein paar Nachschlagewerke mit. Es war wirklich aufregend, all die neuen Fotos zu sehen, aber das Beschriften war ein derartig langwieriger Prozeß, daß wir gegen Ende dieser Sitzungen förmlich darauf brannten, endlich weiterzureisen. Doch die Alternative – Rückkehr nach neun Monaten mit sechs- oder achthundert Kisten ungeöffneten Dias – war einfach undenkbar. Das Ergebnis wäre wahrscheinlich ein ritueller Selbstmord gewesen und nicht dieses Buch.

Bill Bachman

Das Beschriften von Dias kann äußerst ermüdend sein!

Nachschrift

Ich hätte diesem Buch auch den Titel »Ankratzen der Oberfläche« geben können, denn genau das tut es eigentlich. Ein paar Fotos sind über zehn Jahre alt, doch die meisten Aufnahmen entstanden zwischen 1987 und 1991. Auf drei großen Reisen, die jeweils über sieben Monate dauerten, und auf mehreren kürzeren von ein bis drei Wochen Länge legte ich fast 100 000 Kilometer zurück und belichtete über 1500 Filme.

Obwohl diese Zahlen eindrucksvoll klingen, fallen mir beim Betrachten der großen Australienkarte in meinem Büro meistens als erstes die Orte auf, die ich nicht besucht habe. Zugegeben – einige Regionen sind Wüsten ohne Straßen, aber es bleibt die Tatsache bestehen: Auf all meinen Reisen habe ich gerade erst begonnen, Australien zu entdecken. Offenbar warten noch sehr viel mehr Fotos und weitere Reifenpannen auf mich.

Bill Bachman

BILL BACHMAN